PriPri プリプリ ブックス

明日の保育に
すぐ役立つ!

0・1・2歳児
保育
基本のキ
BOOK

監修　工藤佳代子／
東京家政大学ナースリールーム

もくじ

Chapter 1 生活のキホン

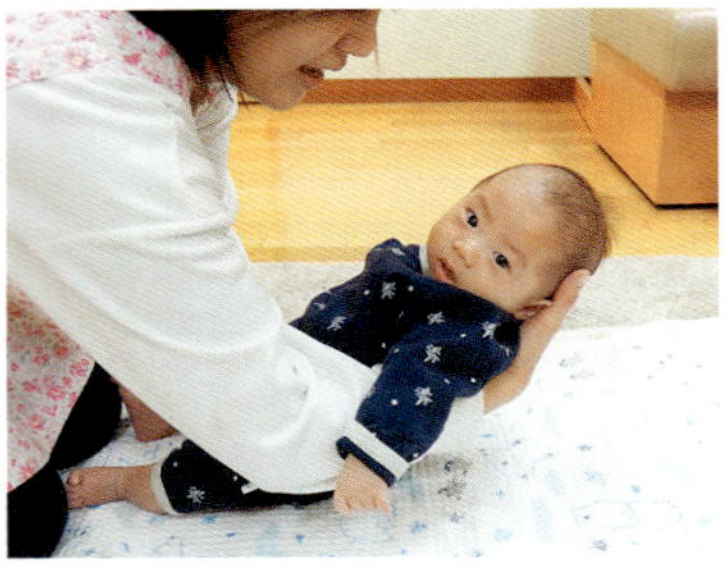

Chapter 2
こころの発達とあそび

Chapter 3
健康と安全

Chapter 4
連携してつくる園生活

まずは見とおしをもつことが大切！

0・1・2歳児 こころと体の発達

子どものこころと体が、どのように発達していくかを知っていれば、保育をするうえでどのようなことに配慮し、環境を整えていけばいいか見とおしが立ちやすくなります。発達の早さや順序は子どもによって異なるので、あくまでも目安として考えることが大切です。

誕生 0歳 0〜2か月頃

体

- 原始反射がある

  手に触れるとぎゅっと握り返すなど、中枢神経系のはたらきで起こる反射です。

- 目覚めているときに手足をさかんに動かしたりする

こころ

- 大人の顔やものを注視する
- 動くものを目で追う

食事・排泄・睡眠

- 2〜3時間おきに授乳
- おむつが汚れると目覚めて泣く
- 快・不快を感じる
- 溢乳《いつにゅう》や生理的吐乳がある

  溢乳とは授乳直後に口から母乳やミルクがあふれること。胃の形の特徴により、吐きやすい時期です。

- 空腹で目覚めて、満腹になると眠る

3～4か月頃

5～6か月頃

- 首がすわる
- ものを握る
- 自分の意志で体を動かし始める
- 「プップッ」などの音を出す

唇を合わせ音を出します。やがて、6か月前後になると喃語《なんご》とよばれる子音＋母音の連続する声を発するように。

- 仰向けから横向きになるなどする
- 腹ばいで頭、腕、足を持ち上げる
- 目と手の協応動作が見られるようになる

目で見たものに手を伸ばす、など、目と手が連動した動きを見せるようになります。

- 寝返りをする
- 背中を反らし手足を持ち上げる

いわゆるグライダーポーズといわれるような動きを見せるようになります。

- 「まんまん」「だだだ」などの声を出す

反復喃語と呼ばれる、同じ音のくり返しを発声します。

- あやすときげんよく笑ったり、声を出したりする
- 見えたものに手を伸ばす
- 好奇心が芽生え始める

つかんだものをなめて確かめるなどします。さまざまな体の動きをし、視野が広がるなかで、周りのものに興味をもち始めます。1歳にかけて、寝返り、はいはいをする、座れるようになるなど、発達の段階に合わせて、さらに興味が広がっていきます。

- 二項関係が生じる

「自分と他人」「自分ともの」など一対一の関係のなかで、対象へのはたらきかけが見られます。

- 愛着の形成

身の回りのことをする特定の相手に強い思い入れや信頼感を抱くようになります。

- 昼と夜の区別がつき始める
- 舌の前後運動に加えて、あごを動かし母乳やミルクを活発に飲む
- 離乳食を開始する

支えられて座れるようになったり、他の子が食べている姿を見てよだれが出たりするなどの様子が見られたら、保護者と相談して進めましょう。

※東京都教育委員会のホームページ内参考資料を参照して作成。発達には個人差があります。

7~8か月頃

0歳

体

- 支えられてお座りをする
- 自分から手を伸ばしてものをつかむ
- ピボットターンをする
- ものをしゃぶったり口に入れたりする
- ずりばいをする

こころ

- 模倣が始まる

指さしや周りの様子への興味、理解が深まるにつれ、大人がすることをまねるようになります。

- 喃語《なんご》がさらに活発化する
- 後追いする

身近な大人が離れようとすると、不安に感じて後を追うようなしぐさを見せます。

- 共同注視が成立する

子どもと大人が同じ対象物に一緒に注目できるようになります。

- 気に入ったあそびをくり返す
- 人見知りが始まる

他者の見分けがつくようになり、知らない人に対して、顔を背けたり泣いたりします。

食事・排泄・睡眠

- 食べられる食材が広がる
- 離乳食が2回食になる
- 午前と午後に眠るなど生活リズムが整い始める

1歳

11～12か月頃

9～10か月頃

- 自分ひとりでお座りをする
- 両手にものを持って打ち合わせたり振ったりする
- はいはい、四つばいをする
- つかまり立ちをする
- 伝い歩きをする
- 指先でものをつまむ、出し入れをする
- 意志をもって、ものを投げたり、置いたりする

- 名前を呼ぶと反応する、手をあげる
- 指さしなどで意思を示す
- イヤイヤやバイバイをする
- ほかの子がしていることに興味を示す
- 一語文で話す

  「まんま」「わんわん」など、１つの単語で意味のある言葉を話します。
- 三項関係が成立する

  「自分・相手・もの」という３項の間で関係を築くことができるようになります。

やりとりのあるあそび

- 舌や口内ですりつぶして食べたりする
- 離乳食が3回食になる
- 日中、起きている時間が増える
- コップなどを両手で持って飲む
- 手づかみで食べる

1歳

	1歳後半	1歳前半
体	● 安定した歩行ができる ● つまむ、めくる、ちぎるなどの動作ができる ● 積み木を積む、引っ張るなど手指の動きが広がる	● ひとりで立ち歩くなどする ● 積み木を積み重ねる ● クレヨンでなぐり描きする
こころ	● 自己主張が増える 自分のほしいものや、やりたいことをはっきり主張するようになります。 ● ものの名前を覚える ● 語《ご》彙《い》が増える 見立てあそび	● 大人の行動をまねる ● さかんに指さしする ● 自我の芽生え 自分と他人の違いに気づきます。 ● 感情の分化 「うれしい」「悲しい」など、さまざまな気持ちがあることに気づきます。
食事・排泄・睡眠	● おむつが汚れたことを表情やしぐさで伝える ● スプーンなどを使って自分で食べようとする	● 日中の睡眠時間が減る

2歳 後半

2歳 前半

2 歳

- 安定して走るようになる
- リズムにのって、踊ったりする
- 両足でジャンプする
- ボールを投げる、追うなどのあそびをする
- 体のバランス感覚が発達
- 遊具によじのぼったり、ぶら下がったりするようになる
- 階段を昇降する

- ものを介してやりとりをする
- 自尊心が生まれる

  自分の気持ちを大人が理解してくれることで、自分という存在を大切だと感じるように。
- 多文語で話す

  3つ以上の単語をつなげて話すようになります。
- さまざまな感情を経験する

  自分の思いどおりにならなかったり、くやしい、自分でできた喜びなどの気持ちに向き合います。
- 自立心が強くなる

  さまざまなことを自分でやりたがるようになります。
- 2語文で話す

  「にゃーにゃー、いた」など、2つの単語をつなげて話します。
- 怒りを表現をする

  思いどおりにならないことがあると、泣いたり怒ったりします。

ルールのあるあそび

ごっこあそび

- 食べ物の好みがはっきりしてくる
- 尿意、便意を感じて伝える

  尿意や便意を感じて、それをことばで伝えられるようになります。
- トイレで排泄する
- 夜間にまとめて眠れるようになる

生理的な欲求が満たされることで子どもに安心感が生まれる

0歳児

0歳児の保育には特に幅広い知識が必要

生まれてから間もない、きわめて未熟な状態にある0歳児のクラスでは、ほかの月齢の保育にもまして多くの知識が求められます。発達、生活（授乳・離乳食・生活リズムなど）、安全、病気などに関する幅広い知識をもつことで、安心して子どもと関わることができます。

0歳児の保育で何よりも大切なのは、子ども自身が生理的欲求を覚えた際に、その都度タイムリーに欲求を満たすことです。大人のペースで眠くない子を無理に寝かしつけたり、飲みたくない子にミルクを飲ませたりすることはしてはいけません。大人の都合ではなく、あくまでも本人の欲求を最優先に考えるよう心がけましょう。眠気を感じたときに心地よく眠れる、お腹が空いたときにミルクが飲める、そうした環境が保障されていることで、子どもは安心・安定して過ごせます。

子どもは一人ひとり、睡眠のリズムや授乳の間隔が違います。その子の生活リズムをきちんと把握したうえで、それに応じて保育にあたる姿勢が必要です。

日々の生活で気をつけること

● できることが増えれば危険も増える

手指が発達してものをつかめるようになると、誤飲のリスクが生じるなど、発達段階に応じて想定されるリスクも増えます。成長が著しいこの時期は、日々、状況が変化していることを忘れずに。

● ふれあいを通して保育者との信頼関係を築く

日々の関わりを通じて、「この場所は安心できる」という感覚を子どもがもてるようになることが大切です。その信頼感をもとに、保育者への愛着関係が生まれます。

● 生理的欲求の充足を最優先に考える

「眠い」「お腹が空いた」といった生理的欲求がきちんと満たされることは、子どもにとって安心感の醸成《じょうせい》につながります。逆に、子どもの意思に反する関わりはしてはいけません。

体の発達

全身運動の発達

頭を持ち上げる、寝返りをするといった、大人にとっては小さな動作でも、赤ちゃんにとっては膨大なエネルギーを必要とする活動です。十分に体を動かすことは、食事や睡眠といった生活リズムをつくることにもつながります。

はいはいなどで行動範囲が広がる

子どもによっては、生後半年を過ぎる頃にずりばいやはいはいを始めて、０歳後半では、つかまり立ちや伝い歩きができるようになります。思う存分探索を楽しめるように、安全に動き回れる環境を用意しましょう。

生理的欲求やリズムの変化が著しい時期

著しい体の発達とともに、食事や睡眠などにおいても大きな変化のある時期です。例えば、昼夜なく眠っていた子が少しずつ目覚めている時間が長くなり、睡眠のリズムが整い始める、ミルク・母乳を飲むのがだんだんとじょうずになり、やがては離乳食が食べられるようになるなどです。子どもの成長は皆同じではないため、発達に合わせて生理的な欲求やリズム、それらを満たす方法は変わってきます。一人ひとりの発達や様子を丁寧に見ていくことで、そのとき、その子が求めている欲求を、十分に満たすことができます。

こころの発達

子どもの欲求や気持ちに寄り添う

０歳児は、泣き声や表情、しぐさや動作などをとおして自分の欲求を周囲に伝えています。何を訴えて泣いているのかなど、常に子どもの思いに寄り添い、それに応えることが大切です。

愛着関係を築き、安心の土台を築く

できるだけ特定の保育者が関わることで、愛着関係が築かれていきます。姿を見て後追いをしたり、その人以外の人には一時的に人見知りをすることも大切なこころの成長です。

視界が広がり好奇心が芽生える

ずりばいや、はいはいができるようになると、身の回りのものや人への好奇心が一気に高まります。子どもの意欲を尊重した関わりが必要となります。

二項関係から三項関係へ

自分以外の他者やものとの二項関係を経て、さらに別の対象を含めた三項関係が見られるようになります。子どもが何に視線を向けているのか、常に意識するようにしましょう。

いよいよ本格的な歩行を開始！　自我が芽生えて自己主張もさかんに

1歳児

安心できる関係性を築いて子どもの探索を保障する

1歳頃は、月齢や個性によって、発達に大きな違いがある時期です。同じクラスでも、4月生まれと3月生まれの子では、実質的には1年間の隔たりがあるので、「1歳児」と大括《くく》りにするのではなく、「○歳○か月」と月齢を基準に考えて、一人ひとりの発達に即した関わりをすることが大切です。

歩行が始まると、子どもの行動範囲が飛躍的に広がります。自由な探索を通じて、自分が興味を抱いたものを観察したり触ったりしながら、世界を少しずつ広げていきます。子どもの探索は、安心できる人間関係が基盤になるので、保育者との間に安定とした信頼関係が構築されていることが大切です。発達によって事故のリスクなどが多い時期でもあるので、見とおしをもって安全な環境を整えるようにしましょう。

また、1歳半くらいから、自分の思いが強くなり、その気持ちを表現しようとすることがあります。思いどおりにならず、手が出てしまう場合もありますが、保育者には子どもの気持ちを受け止めて理解しようと寄り添う姿勢が求められます。

日々の生活で気をつけること

●広い視野をもち転倒や衝突事故を予防

歩行が安定することで行動範囲が格段に広がります。保育者は、0歳児の頃よりも広い視野で安全な環境を整えていく必要があります。

●運動の発達の違いであそぶ空間を分ける

からだを大きく動かしてあそびたい子と、じっくりあそびたい子など、あそびの好みや動きに個性が出ます。お互いの活動を妨げないために、あそびの空間を別々にする配慮も必要です。

●探索したいという気持ちを尊重する

目に見えるさまざまな対象への興味が広がり、探索への欲求が高まります。口に入れて危険なものはあらかじめ排除するなど、できるだけ子どもの行動を止めないような環境と関わりが重要です。

体の発達

手指の機能が発達してあそびが広がる

手指が発達して、小さいものをつまむ、めくる、押すといった動作ができるようになることで、積み木やボールを使ったあそび、お絵かきなど、あそびの幅が広がる時期です。

食事や着替えのときに複雑な動作ができるように

手指の発達に合わせて食事のときにコップやスプーンなどを持ったり、体を大きく動かせるようになり、着替えのときには自ら腕を伸ばしたり足を通したりするなど、生活面でもできることが広がってくる時期です。体の発達に伴い、自分でやってみたいことも増えていきます。

歩行の獲得で行動範囲が一気に広がる

１歳後半では、安定して歩行できる子どもが増えてきます。各自がのびのびと体を動かせるような、安全な環境を整えたり、探索の機会も増やしたりしていきましょう。階段の昇り降りもできるようになるので、安全配慮も忘れずに。

食事、睡眠など快適なリズムが生まれる

食事・睡眠・活動のリズムが整い心地よい生活リズムが生まれてきます。また、うんちやおしっこが出たときに知らせたり、排泄の間隔が少しずつあき、トイレに興味をもって便座に座ったりするようになります。

こころの発達

気持ちが表現できず手を出してしまうことも

自分の気持ちを表す際に、つい手や口が出てしまうことがあります。保育者は本人の気持ちを尊重しながら、「○○がほしかったのかな？」など、ことばにできなかった思いを代弁し、寄り添う姿勢が大切です。

喜怒哀楽の感情が広がっていく

周囲の状況がよくわかるようになり、他者と自分の関係を認識するなかで、喜怒哀楽がはっきりと出てきます。「うれしいね」「悲しかったのね」など、ことばをかけることで、子ども自身もその気持ちについて理解し、さまざまな感情を経験します。

自我が芽生えてやりたいことが増える

子どものなかに、少しずつ「これがしたい」「これは、いや」といった自我が生まれて、それを表現できるようになります。保育者がその気持ちをくみ取ってことばにすることで、豊かなことばの獲得につながります。

認知が発達してものの名前がわかるように

ものに名前があることに気づいて、指さしながら「なに？」と聞いたり、保育者が「おくち」というと自分の口を指さしたりする行動が見られます。

2

歳児

体とこころが成長するにつれて、子ども同士での思いのぶつかり合いも

自分のなかのいろいろな感情とどう向き合うかを経験する

2歳児クラスでは興味や関心に個人差があり、同じクラス内に、体を大きく動かしてあそびたい子と、じっくり自分の興味があるものであそびたい子とが混在します。一人ひとりのあそびを妨げないように、それぞれの子どもが自由にのびのびとあそべる環境づくりが必要となります。

こころの発達の面では、語彙《ごい》が飛躍的に増えてことばによるやりとりがさかんになるのに加えて、自立心が芽生え、何でも自分でやりたいという意欲が大きくなります。

また、自分の思いがはっきりと出てくるため、場合によっては、思いどおりにならないことに出会い、激しく感情をぶつけることもあるでしょう。怒りや悲しみといった、一見「マイナス」に思える感情も含めて、自分のなかにあるさまざまな気持ちとの向き合い方を経験するのがこの月齢です。時には、友だち同士でトラブルに発展する場合もありますが、保育者はそれぞれの気持ちを否定するのではなく、受け止めて寄り添うことが何よりも大切です。

日々の生活で気をつけること

● 子どもの気持ちや欲求を受け止める

自己主張がますます強くなります。保育者は、本人の気持ちや欲求を受け止めたうえで、その感情をことばにして代弁することを心がけましょう。子どもは、自分の気持ちと向き合い、時には折り合いをつけることで、少しずつ他者との関わりやさまざまな感情を受け入れる経験を重ねていきます。

● 排泄の自立は各自の発達を最優先に

子どもによっては排泄が自立へと向かっていく時期ですが、あくまでも本人の体の発達を第一に考えましょう。無理なトイレトレーニングをしたり、子どもにプレッシャーを与えたりすることは避けなければなりません。

● 各自の自立心を尊重し意欲を育てる

２歳になると自立心が強くなって、さまざまなことを自分ひとりでやりたがる意思表示が増えてきます。あくまでも本人の気持ちを尊重して、手を出しすぎないように、うまくいかない場合にさりげなく手助けするようにしましょう。

体の発達

道具を使う、目的となるものを動かすなどの動きを体得

スコップを手にして砂をすくうなど、道具を手にして目的を理解し、対象物に向けて動かすことができるように。ねじる、曲げるなどの動作を体得し、さらに連続して行えるようにもなります。

排泄の感覚や機能が整い始める

膀胱で尿をためることができるようになり、自分でも排泄の感覚を認識するようになります。トイレで排尿・排便することもできるように。

全身運動がさらに活発になる

走る、ジャンプするなど、全身を大きく使えるようになるにつれて、あそびの幅が格段に広がっていきます。それぞれ発達段階の違う子どもたちの動線を考慮して、一人ひとりの子どもが安全にのびのびあそべる環境を整える必要があります。

手指の動かし方を体得

手指の細かい動きが可能になり、ハサミやクレヨンなどを使う、積み木を高く積み上げる、ねん土をちぎるといった動作ができるようになります。

こころの発達

友だち同士の関わりが増える

他者への関心が増して、徐々に友だちと一緒にあそぶことの楽しさに気づくようになります。友だちとぶつかり合う場面も増えますが、保育者はお互いの思いを代弁し、子ども同士をつないでいくことを心がけましょう。

あそびが多様になるように

コミュニケーション能力が発達して、見立てあそび、ごっこあそび、ルールのあるあそびなどができるようになります。本人のやりたい気持ちを大切に、さりげなく援助するといった工夫も必要です。

誇らしい、恥ずかしいなど感情がますます豊かに

憧れや、うらやましいなどの感情に加えて、自分がやりとげられたことを誇らしく思う気持ちなど、さまざまな感情を経験します。

思いどおりにならず怒ったり悲しむ場面も

自分の思いが叶わない状況で、泣いたり怒ったりする場合があります。感情を思いきり表現することもときには大切な経験です。保育者が子どもの気持ちを十分に受け止め、「〇〇したかったんだよね」などと寄り添うことで、自分のなかで生まれた感情との向き合い方を少しずつ身につけていきます。

保育者のみなさんへ

日々成長が感じられるこの時期の子どもたちとともに過ごし、その育ちを支えられるこの仕事はとてもやりがいがあります。

発達や個性の異なる一人ひとりが、その子らしく大きくなっていくことを保障するために、まずは個々の子どもを丁寧に理解することが大切です。そのためには、基本の知識に加え、この時期ならではの保育のポイントを押さえておくことが大切です。保育者が子どもにとって安心できる存在、心地よい存在、そしてうれしい存在であることを願っています。

工藤佳代子

Chapter 1

生活のキホン

乳児期の子どもの毎日の生活、
ケアと接し方についてレクチャーします。
子どもの安心につながる関わり方を
身につけましょう。

一人ひとりと向き合い
それぞれの生活リズムをつくる

0・1・2歳児の保育で何より大切なのは、
子ども一人ひとりの発達および個性を尊重すること、
そして「お腹が空いた」「眠い」といった生理的欲求を、
その子のタイミングで満たすことです。
それらが保障されることで、
子どものなかに安心感が芽生え、
一人ひとりの子どもが、自分らしく
のびのびと育っていく基礎となります。

そのためにも、
保育者に求められる役割は、
「食事」「睡眠」「あそび（活動）」といった
日々の関わりを通して、

個々にあった生活リズムをつくることです。
十分体を動かすとお腹が空く、
お腹が空いているので、
気持ちよくミルクを飲んだり
ご飯を食べたりできる、心地よく疲れ、
お腹が満たされているので、
気持ちよく眠れる、
ぐっすり眠って体力を回復し、
また元気にあそぶ……。

健やかな育ちを支えるために、
保育者には、発達への見とおしをはじめ、
保育に関する専門的な知識と技術を
幅広く身につけたうえで、
それぞれの子どもにとって必要な
関わりをもつことが求められます。

抱っこ

心にそっと寄り添い 子どもに安心を与える

愛情をもって接しながら気持ちを通わせる時間に

小さな子を抱くと、愛おしく幸せな気持ちになるものです。保育のなかで行うときも、愛おしい存在と向き合い、お互いの気持ちが満たされるというのが抱っこの基本です。子どもとゆったり心を通わせましょう。

そもそも子どもが泣いたり、抱っこを要求したりするのはなぜでしょうか。楽しく充実してあそんでいるときには「抱っこして」とは言わないものです。不安や不快から保育者に気持ちを訴えているので、状況に合わせて**「大きな音が怖かったね」「眠いかな?」**などと、気持ちに共感して寄り添いながら抱っこをします。

また、大人の気持ちは子どもに伝わるものです。どのような状況でも、子どもを抱くときは**落ち着いた気持ちで「あなたをきちんと見ているよ」と応えていく**のが保育者の役目でもあります。

安全基地があると子どもは安心して活動する

抱っこに対する考え方ですが、抱っこをすれば泣き止むとか、子どもの機嫌が直るというのは、大人側の思い込みかもしれません。確かに、保育所保育指針には抱っこについて、「あやす」ということばで表現されています。けれども実際のイメージとしては、**「その子が安心して落ち着けるように抱く」**というのが近いでしょう。

保育者が、何かあったときの**〝安全基地〟になり、**子どもにもそれがしっかり伝わると、子どもはだんだん外の世界に興味をもち始めます。そして自然に保育者の手を離れて、自由に活動しようとするでしょう。

抱っこを必要とする時期はあっという間に過ぎていきます。抱っこを「子どもと気持ちを通わせるための大切な時間」と捉えてもらえたらと思います。

心がけるポイント!

1 声かけをしてから

急に抱き上げたり、背後から突然抱えたりすると子どもが驚いてしまいます。「抱っこしてもいいですか?」「抱っこするね」などと顔を見て声をかけてから抱きます。

2 目を合わせる

よそ見をしながら抱き上げたり、片方の手で何か別の用事をしたりすると、子どもは安心感を得られません。目を合わせて、十分に気持ちも向けます。

3 心地よい揺れ

ゆっくりと心地よさを感じられるくらいにやさしく揺らします。子どもの頭がぐらぐらするほど揺らすと「乳幼児揺さぶられ症候群」になる可能性があり大変危険です。

実践!!

体に負担のない抱き方を覚えましょう

子どもと保育者の双方にとって無理のない、
正しい抱っこの方法をおさらいしておきましょう。

腰骨にのせる

お互い正面を向いた抱き方は、子どもがずりずりと落ちそうになることがあります。子どもの足をM字形に開き、お尻を保育者の腰骨の部分にのせるようにして抱くと、お互いに安定します。

左右バランスよく！

同じ姿勢で抱っこを続けると、体が歪んだり腰痛や腱鞘炎《けんしょうえん》を引き起こしたりするリスクが高まります。使う腕も体重をかける向きも偏らないように、できる範囲で左右を変えましょう。また、ずっと下を向いていると首を痛めるので、ストレッチをするのもおすすめです。

高い位置からいきなり抱き上げない

子どもが腹ばいになっているときに、保育者が立った姿勢のままで抱き上げるのは、腰に一番負担がかかります。横にしゃがんで、目線を合わせてから抱くようにしましょう。

腹ばいの子を引き寄せて抱くと、子どもが床でお腹を擦る危険があります。また手や肩を引っ張ると脱臼するおそれがあり、危険です。目線の高さが急に変化するのは子どもにとっては怖いことです。

体の成長に応じた抱っこの基本

首がすわって子どもが自分で姿勢を保てるようになるまでは、
首がぐらつかないようにしっかり支えましょう。

首がすわる前

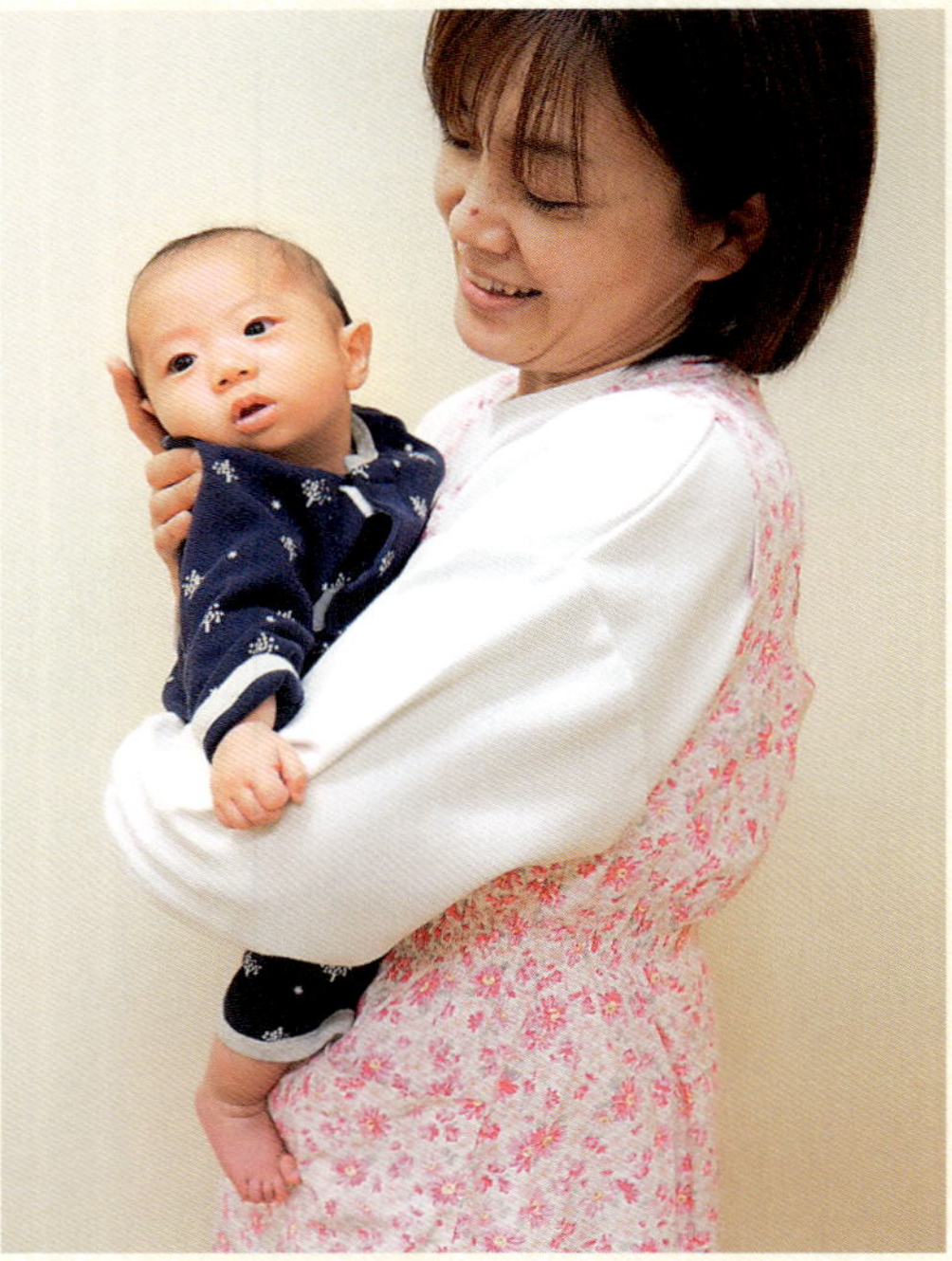

縦抱き

首がぐらつかないように、必ず片手で首と後頭部を支えます。子どもの背中が反らないように、もう片方の手で包み込むようにし、腰と背中をしっかり支えます。抱っこをしながら、「おひさまがぽかぽかして気持ちいいね」などと話しかけましょう。

Point
両手でしっかり抱くと安定する

横抱き

頭を保育者の肘の内側にのせ、子どもの背中に沿って両腕で支えます。頭が下がらないように注意。保育者の片方の腕を子どもの足の間に入れて、両手で抱くとぐらつかず安定します。子どもと目を合わせて話しかけながらゆったりした雰囲気を心がけましょう。

Point
おろすときはお尻から。頭はそっとおろす

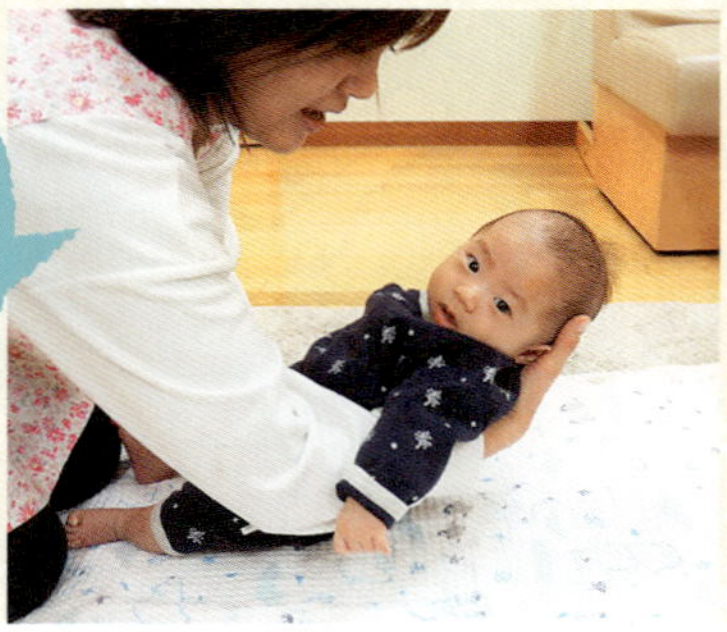

Point
座って抱っこするときも、片方の手で頭と首を支える

首がすわった後

縦抱き

腰と背中を両手でしっかり支え、保育者は手と胸を密着させて子どもを抱きます。

横抱き

保育者の肘の内側に頭をのせ、両腕と胸で包み込むように抱きます。足の間に手を入れてお尻から背中まで支えると、ぐらつかずに抱っこできます。

Point

子どもの視線の先にあるものについて「小鳥さんいるね」などことばをかけてみましょう

前向き抱っこ

外が見られ、視野が広がる楽しい抱っこです。０歳児にとっては、人や景色を見ることも欠かせない刺激ですので、安心できる場所でならおすすめです。ただし、刺激で興奮してしまうこともあるので眠いときは行わないほうがよいでしょう。

こんなときどうする!? Q&A

Q 抱っこをすると離れたがらない子には?

A 安心して自分からおりたがるまで、しっかり抱きましょう。

もしかしたら体調が悪いことも考えられます。また、家庭や園での生活に不安の原因がある場合もあります。離れたくなくてしがみついているような場合は、不安がなくなって自分からおりようとするまでしっかり受け止めることが大切です。普段の様子との違いに気がつくセンサーをもつのも心がけたいことです。

Q 抱っこを嫌がる子にはどうしたらよいですか?

A まずは保育者と触れ合う心地よさが経験できる工夫を。

無理に抱っこする必要はありません。膝の上に座ってゆったり本を読んだり、手あそびをしたりして、人と触れ合う心地よさを経験できるように心がけてみましょう。

Q 抱っこできないときはどうしたらよいですか?

A 絶対に抱っこでないとだめということはありません。

保育者に触れていたり、抱きしめられたりするだけで安心する子もいます。必ずしも抱っこでないとだめ、ということはないと思います。また「お膝なら空いてますよ」と誘ってみてもいいですね。あきらめて行ってしまった子には、後から「さっきはごめんね。今なら抱っこできますよ」と話しかけたりもします。無理だよと断るのではなく、こういう方法もあるけどどうかな、と提案してみてください。

Q 保育者から抱っこをしにいってもよいですか?

A 保育者からスキンシップを求めることも大切です。

抱っこを求めない子を意外と見落としている場合もあるので、そういう子に「たまには抱っこはどうですか?」などと、保育者からスキンシップを求めていくのもよいと思います。求めてこないから抱かないのではなくて、私はあなたを見ているし、関わりたいと思っているよ、と伝える方法にしてみては。

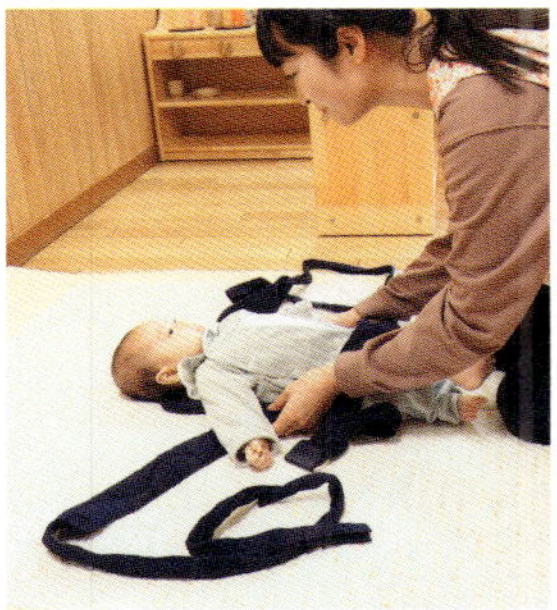

歩けない子は、おんぶ紐を広げたところに寝かせて、おんぶ紐をつける。

歩ける子は、保育者の膝にのせておんぶ紐をつける。

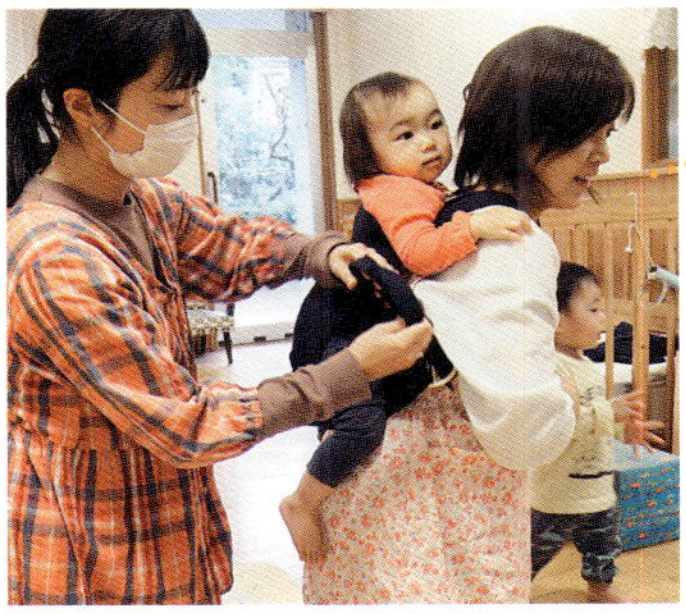

必ず
2人1組で！

ひとりが背中側から支え、きちんと両手両足が出ているか、紐が緩《ゆる》くないかなどを確認。

おんぶが
できました

Q 非常時に有効なおんぶはどうしてる？

A 理由がある場合を除いておんぶはしませんが、練習は忘れずに。

私のつとめる園では、日常の保育中におんぶはほとんどしません。おんぶで泣き止むことは多いかもしれませんが、視線や表情から気持ちを察しにくく、共感的な働きかけが難しいからです。家庭でおんぶされる機会が多く、そのほうが子ども自身が安心するといった、子ども側の理由がある場合以外は、おんぶは積極的にはしていません。

だからといって保育者がおんぶに不慣れなままだと、非常時に困ります。避難するときは、足元が見えて両手が使えるおんぶに利点があるので、避難訓練やあそびのなかで、おんぶ紐の扱い方も含めて練習しておきましょう。

注意点

●危険な体勢になっていないか確認を

おんぶされた子が、前かがみになった大人の頭側から転落するといった痛ましい事故の報告があります。おんぶ紐からずり落ちたりすり抜けたりしないように、正しい姿勢でしっかりとおんぶをしましょう。

●避難訓練やあそびのなかで練習を

背負うときもおろすときも、安全確認をしながら必ず**2人1組**で行います。月齢によっておんぶの仕方が変わるので、非常時にもスムーズにおんぶができるように定期的に練習しましょう。

事故を防ぎましょう！

保護者と共有しておきたいこと

抱っこ紐のベルトの調節を忘れずに！

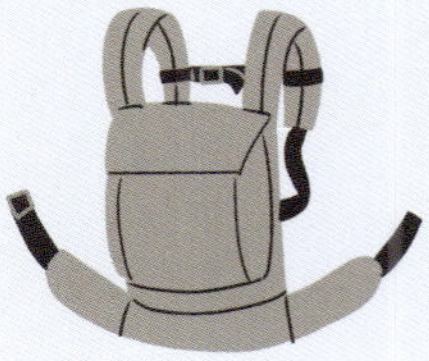

家庭では家族でひとつの抱っこ紐を共有して使うことが多く、直前に使った大人に合わせて腰や肩のベルトが緩んでいることがあります。それに気がつかず、子どもを抱くととても危険です。必ず子どもを抱く前にベルトが調節できているか、確認しましょう。

抱っこやおんぶで自転車乗車は危険！

抱っこやおんぶされている子どもは、ヘルメットを被っていません。保護者とともに自転車に乗って、転倒したり誰かと接触したりした場合、大きなけがにつながる可能性があります。

授乳

一対一の関わりをとおして、子どもとの信頼関係を築く

お腹も気持ちも満たすコミュニケーション

乳児にとって最も大切なことのひとつである授乳。授乳や食事は、必要な栄養を摂り、お腹を満たすというだけでなく、心地よくリラックスして、気持ちが満たされる時間でもあります。

特に子どもと保育者が一対一で落ち着いて関われる授乳は、子どもとの関係を築くために大事にしたい時間です。なかには乳児に関わるのが初めて、または久しぶりという保育者もいると思いますが、**緊張が子どもに伝わらないよう、ゆったりした気持ちで授乳を行う**とよいでしょう。

また、子どもはお腹が空いたなどの**生理的欲求を訴えたときに、その欲求を満たしてくれる保育者を認識します。**この積み重ねにより、子どもはこの人は私の気持ちをわかってくれると感じ、信頼関係が芽生えていきます。そのため、できるだけ決まった保育者が授乳を行いましょう。

子どもの意思を尊重し、飲まない理由を探す

4月は子どもがミルクを飲まないこともあります。入園したてで普段と違う環境のなかで、いつもどおりに飲むほうが難しい、と子どもの立場に立って考えてみるとよいでしょう。保育者はすべて自分の責任だと思うのではなく、**飲まない理由を探して体調や気持ちに気を配る**ことも大切。保護者とともにその子が受け入れやすい方法を探してみましょう。

また、子どももいずれはミルクや園の生活に慣れていきます。このときに、早く慣れさせようと焦らずに、本人の意思を尊重して**「その子にとってよい方法」で関わる**ことを心がけます。保育者がそうした姿勢でいることで、この時期に不安を抱えることが多い保護者も、安心して新生活を始められると思います。焦らず、無理なく過ごせるように、保護者も含めて信頼関係を築くことも大切にしましょう。

心がけるポイント！

1 担当者を決める

子どもは、いつも同じ保育者に授乳されることで、その保育者と愛着を形成していきます。

2 情報を把握する

入園時に、これまでミルクを飲んだことがあるか、混合栄養か母乳か、哺乳瓶で飲んだことがあるかといった情報を把握しておきましょう。

3 子どもの気持ちを尊重

子どもがミルクを飲まないのには、「お腹が空いていない」「環境に慣れていない」など、何かしら理由があります。無理に飲ませるのではなく、心地よく飲める関わりについて考えることが大切です。

実践!! 心地よくミルクが飲めるための工夫いろいろ

温度を確認!

乳児の口はセンサーのような役割を担っていて、ミルクの温度の違いで飲まないことがあります。特に母乳に慣れた子の場合、ミルクの温度が冷めてくると飲まなくなることがあります。冷めた場合は、お湯を入れたマグカップなどで湯煎して温めます。

哺乳瓶以外で試す

哺乳瓶が苦手なようなら、月齢によっては、スプーンや子ども用マグなどでミルクをあげる方法もあります。人や場所などに慣れてくることで哺乳瓶でも飲めるようになることもあります。

周囲の環境

自宅の静かな環境でミルクを飲んでいた子は、刺激の多い園の環境が落ち着かないことがあります。壁を向いて授乳するなどして、落ち着ける環境を意識してみます。

保育者を担当制に

子どもは特定の人がいつも生理的欲求を満たしてくれる経験から、その人への愛着を形成していきます。そのためいつもと違う人が授乳にあたると飲まなくなることもあります。どうしても交代する場合は「今日はいつもと違う人ですがよろしくね」などと子どもに声をかけましょう。

子どもの個性

なかにはどうしてもミルクを飲めるようにならない子もいます。自宅も含めた1日のミルク量を把握し、体重増加なども目安にしながら、離乳食を早めに始めたり、進めるなど保護者と相談してもよいでしょう。

うんちやゲップ

飲んでいる途中で急にやめるときは、うんちがしたかったり、ゲップが出そうだったり、何か訴えたいのかもしれません。おむつを確認したり、背中をさすったりして様子を見ましょう。

あそびと睡眠の様子をみる

飲むこと(=食べること)と、あそびと睡眠は密接につながっています。園で楽しくあそべる時間が増えると、お腹も減り、飲んだ後に満たされて眠る、というよい循環が生まれるので、あそびや活動の様子、睡眠の確認を。

授乳の基本をおさらいしましょう

子どもに授乳する際の一連の流れと、
各プロセスでのポイントをおさえておきましょう。
また、最初に必ず手を洗ってからスタートを！

授乳の基本

体勢

片方の腕で子どもの首を支えて体を包み込み、上半身を少し起こして抱きます。乳児は瞳のような2つの黒く丸いものに本能的に惹かれるので、できるだけ目を合わせ、気持ちも子どもに向けます。

あげ方

乳首部分までミルクが満たされる角度にし、空気穴を上にして口に含ませます。乳首を口にちょんちょんと当て、口が開いたら、呼吸の様子を確認しながらあげます。乳首部分までミルクが満たされていないと、空気をたくさん吸い込んでしまうので注意。

Point
残った量はメモをする

※眠ってしまったなどで、飲まなかったミルクは廃棄しましょう。

調乳

1 粉ミルクを量って入れる。

2 沸騰後、冷ました70℃以上のお湯をできあがり量の2/3程度まで入れる。

3 哺乳瓶に乳首とキャップ、フードをつけて振り、粉ミルクを溶かす。

Point
熱いので、タオルなどで包む。なるべく泡立てない

4 できあがり量までお湯を足し、振って粉ミルクを溶かす。流水に当てるなどして、人肌（37℃程度）まで冷ます。

Point
2のタイミングで湯冷ましを少し入れると冷やす手間が省ける

5 腕の内側で温度を確認する。できあがりまで10分ほど。

●後片付け
哺乳瓶は中をきれいに洗ったあと、消毒を。

排気（ゲップ）

体を起こして、背中を下から上に優しくなでるか、背中の真ん中より少し上をトントンします。叩くと背中を反らせる子もいるので軽いタッチで。ミルクを吐き戻したり、吐いたものの誤飲を防ぐために、ミルクを飲んでいる月齢の間は必ず行います。

Point
強く叩かない！

忘れずに
引き継ぎを！

授乳後に保育者が交代する際は、ゲップが出たかどうかを必ず引き継ぎましょう。出ていない状態で子どもが寝てしまい、寝ている間に空気とともに吐き戻すこともあるので要注意。

あると便利！

授乳クッション

保育者の膝に敷くと高さが調節でき、安定して、お互いに楽な姿勢でいられます。

食休みのリラックスタイム♪

ミルクの後の食休みをおすすめします。授乳は保育者と子どもの一対一の貴重な時間。「おいしかったね」「また重たくなりましたねー」などとやりとりし、満足感を覚えながら心地よく過ごす時間を大切にしましょう。この間に飲んだミルクも落ち着くため、ゲップも出やすくなります。

こんなとき どうする!? Q&A

Q 子どもたちの授乳時間が重なりそう!

A 個別に見とおしを立てて、少し早めにあげるなど調整を。

連絡帳に書いてある最後の授乳から、どのくらい時間が経ったらお腹が減るのか、個別に見とおしをもつとよいですね。もし時間が重なりそうなら、泣き出す前に、お腹が空いていそうな頃を見計らって少し早めにあげるように調整しましょう。

Q 飲み終わるまでの時間の目安は?

A ひとりあたりおよそ12～20分を目安に考えましょう。

ひとりあたり 12 ～ 20 分が目安です。これより早い、または遅い場合は、子どもの吸う力に対して哺乳瓶の乳首から出る量が合っていない可能性があります。乳首のサイズを替えるなどして調整します。

Q 園と家庭ではどんな協力が必要?

A 家庭と同じ環境での授乳から、少しずつ園に馴染めるように。

家庭で少しだけミルクの味を試したり、哺乳瓶をくわえてみるなど、感触を知る経験をしてもらえるかを相談します。家庭で使っている哺乳瓶や乳首と同じ種類のものを、入園前に園でも用意します。粉ミルクも初めは家庭と同じものを揃えます。飲まない・寝ないという子には、時間をかけて保育時間をのばすなどして、子どものストレスを少しでも軽くし、ゆっくり馴染んでいけるよう心がけましょう。

Q 飲みながら寝てしまったら?

A 無理に飲ませるのではなく、時間を調整するなどの工夫を。

眠くなる前にあげるのが理想ですが、飲みながら眠ってしまった場合、口に哺乳瓶の乳首を当てても眠っているようなら、睡眠を優先します。飲み始めるとすぐに寝る子の場合は、授乳時間を少し早めるなど、一人ひとりの様子を把握するのが大切です。

Q 卒乳のタイミングがわかりません

A 状況を見ながら、最終的には保護者に判断してもらいます。

授乳をいつやめるかは、繊細な事柄です。子どもが園でミルクを飲まない、保護者が寝不足で辛いなどと相談された場合は助言をしますが、最終的に保護者が納得して決めるのが大切です。よかれと思っても「卒乳はどうしますか？」などと先回りせず、保護者の意思に寄り添いましょう。

Q 鼻水が出ていたり熱っぽいときは？

A 飲みたい気持ちがあれば、授乳してかまいません。

鼻がつまって苦しければ、子ども自身が口を離すので、飲んでいるなら様子を見ながら授乳します。また熱があるときは、むしろ水分を摂ったほうがよいので、同様に、飲むようならあげるようにします。新陳代謝が活発で水分を必要とするため、尿の量や唇の乾きなどにも注意を払います。

Q いつもと違う様子が見られたら？

A 迷ったら、別の保育者にも見てもらい判断を。

授乳の最中に何か変化を感じたり気になることがあったら、すぐにほかの保育者を呼んで複数の目で確認を。自分だけで判断できなければ、ほかの人を呼ぶことで体調の変化に気づいたり事故を防ぐことにつながります。

Q お腹を下していたり吐き気があるときは？

A 脱水症に注意しつつ、子どもの体調を最優先に。

下痢や吐き気がある場合は、脱水症にならないように配慮することが大切です。無理をせずに看護師や医師に相談を。必ず保護者とも連絡を取り合います。

食事① 離乳食

発達に応じて段階的に食べる楽しさを知るために

「吸う」から「食べる」ステップへの移行

離乳は子どもが乳汁栄養以外のものを口に入れ、幼児期の食事に移行するための重要なステップです。固形の食べものから栄養を摂取するのと同時に、体の消化機能も発達し、決まった時間に食事をする生活のリズムも身につけていきます。

離乳期の食事の進め方は34ページの表を基本にします。保育者は**「摂食機能の目安」を理解する**ことが大切です。子どもの口元の動かし方から、その子の発達段階と、調理形態が発達に合っているかが判断できるようになります。

各離乳期の月齢がありますが、あくまで目安です。子どもの発達はそれぞれ異なり、家庭での食環境も違うことに注意しましょう。園の食事だけで完結するわけではないため、調理職員や家庭と連携しながら昨日から今日、今日から明日への連続のなかで離乳食の進み具合を見ていきます。

一生続く食事を楽しく味わうために

離乳食が進むにつれて、保護者や保育者から「食べてくれない」という悩みを聞くことがあります。好きなものばかり欲しがることを好き嫌いがあると意味づけたり、食事中に立ち歩くのを、食に興味がない子と捉えてしまう場合があります。

なぜ食べないのかについて、メニュー、味や形態、体調などさまざまな視点から理解を深めます。大切なのは大人になるまでの長い目で見たときに、体に必要な栄養を自分で摂れるようになることです。**発育曲線に沿って**体重や身長が**順調に増加していれば大丈夫、と大きな視点**をもちましょう。また、食事の楽しさや、自分で好きなものを食べる喜びも大切な経験です。「いいにおいだね」「おいしそう！」と話しながら、温かな雰囲気で食事をしましょう。それが一生続く豊かな食事の原体験になっていくでしょう。

心がけるポイント！

1 子どもの意欲を大切に

完食できたかどうかや食事量ばかりにこだわらず、まずは子どもの「食べたい」という意欲が育つような関わりを心がけましょう。

2 発達を見て段階的に

子どもの摂食機能の発達を見ながら、離乳食の形態や量、与え方を変化させていきます。焦らずに一つひとつ段階を踏むことが大切です。

3 保護者との連携

子どもの発達や食べる意欲を把握するために、家庭との情報共有を密に行います。場合によっては栄養士や調理職員など専門職の意見も参考に。

実践!! 離乳食で大切な3つの視点

子どもの食事に対しては、発達の視点をもち、子どもの意思や感じていることに目を向けることが大事です。

量

完食にこだわらない

保育者も保護者も食事量に目がいきがちですが、その日の活動によっても食事の適量はさまざまです。残さずに食べるということにとらわれなくてよいでしょう。完食を目標にせず、大らかな気持ちで関わりましょう。

ことばかけ

温かで楽しい雰囲気を意識する

よかれと思って、「この次はこれね」といった指示や、「食べないなら片付けるよ」といった働きかけ、「全部終わったらデザートを食べていいよ」と交換条件のようなことばかけをしていないか注意を。楽しい食事経験になるように心がけます。

Check!

ほかの保育者の様子も参考に

保育者自身も食に対する姿勢はそれぞれなので、機会があれば、ほかの保育者の食事支援の様子を見ると参考になります。

食欲・体調

子どもの「意欲」を大切にする

食事は体調とも密接に結びついているので、体調がよく空腹なら子どもは自ずと食べます。体調が悪くなる前兆で食べないこともあるので、普段から無理に食べさせず、本人の食欲と丁寧に向き合うことが大切です。子どもが主体なので、「食べてくれない」のではなく、子ども自身が「食べない」のだと捉えます。

Check!

調理形態や味を変えるのは慎重に

食べないときは理由を探します。ころころと調理形態を変えたり、白飯にふりかけをかけ味を濃くしたりして食べさせると、うまく離乳が進まない原因にも。

離乳食の進め方

この表を子どもの発達段階と照らし合わせて見てみましょう。
保育者や栄養士や調理職員間の情報共有の手助けにもなり、
保護者からの相談に答えるときの資料にもなります。

食べ方の目安	関わり方のポイント	摂食機能の目安	
様子を見ながら、1日1回1さじずつ。母乳やミルクは飲みたいだけ与えます。	舌で食べものを奥に送り、飲み込むので、食べものをのせたスプーンを下唇にのせます。子どもは上唇であむっと取り込みます。食べる様子を見て、スプーンを引くタイミングや食べるテンポを工夫しましょう。	＼ごっくん／  食べものを口に入れ、口を閉じて下唇を内側に入れて飲み込む。	初期（生後5～6か月）
1日2回。いろいろな味や舌ざわりを経験できるように、食品の種類を増やしていきます。	押しつぶし食べの時期。初期と同様に、下唇にスプーンをのせ、子ども自身が取り込むようにします。固形物を異物だと思って出してしまうなら、やわらかいもので、もぐもぐする経験を増やします。	＼もぐもぐ／ 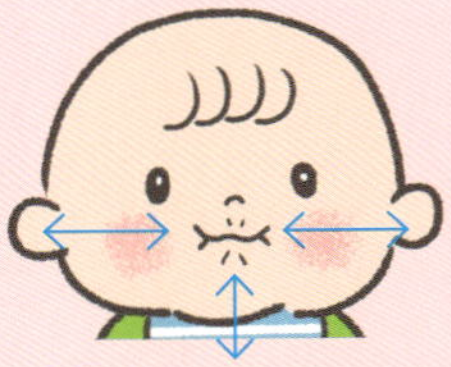 舌と上あごで食べものをつぶせるようになる。	中期（生後7～8か月）
1日3回。食事のリズムを大切にします。	口の中全体に食べものが広がり、味わえるようになります。手や口を汚しながら食べても大らかに見守ります。自分でつかんだり、指でつまもうとする意欲が見られたら、手づかみできる形態のものも用意します。	＼かみかみ／  あごと舌が前後、上下左右に動き、舌で食べものを移動させながら、歯ぐきですりつぶせるようになる。	後期（生後9～11か月）
手づかみや、食具を使って自分で食べる楽しみを増やします。食事の時間を一定にして、生活リズムを整えていきます。	手づかみ食べに加えて、スプーンやフォークなどの食具を用いて食べ始めます。徐々に食具で食べる経験を増やしていきます。	＼ぱくぱく／  舌を自由に動かせるようになり、歯や歯ぐきで噛んだりつぶしたりできるようになる。	完了期（生後12～18か月）

※上表は「授乳・離乳の支援ガイド（2019年改定版）」（厚生労働省）を基に作成。あくまでも目安で、子どもの食欲や成長・発達の状況に応じて調整します。

園と保護者の連携のコツ

東京家政大学ナースリールームの調理室は食育の観点からも考えて、保育室と調理室が互いによく見える環境です。そのため保育者と管理栄養士は日常的にやりとりを重ねています。例えば０歳児クラスで最近自分で食べたがることが増え、保育者が手伝おうとすると嫌がるという話が出た際、管理栄養士が手づかみ用の小さなお皿を用意することや、食材をつかみやすい大きさにするといった提案をします。

子どもを中心にして、それぞれの専門性を生かした連携をすると、視野が広がるのも大きな利点です。よい連携のためには、コミュニケーションが欠かせないので、双方の役割や業務を理解し、保育方針を職員全員で共有していきましょう。

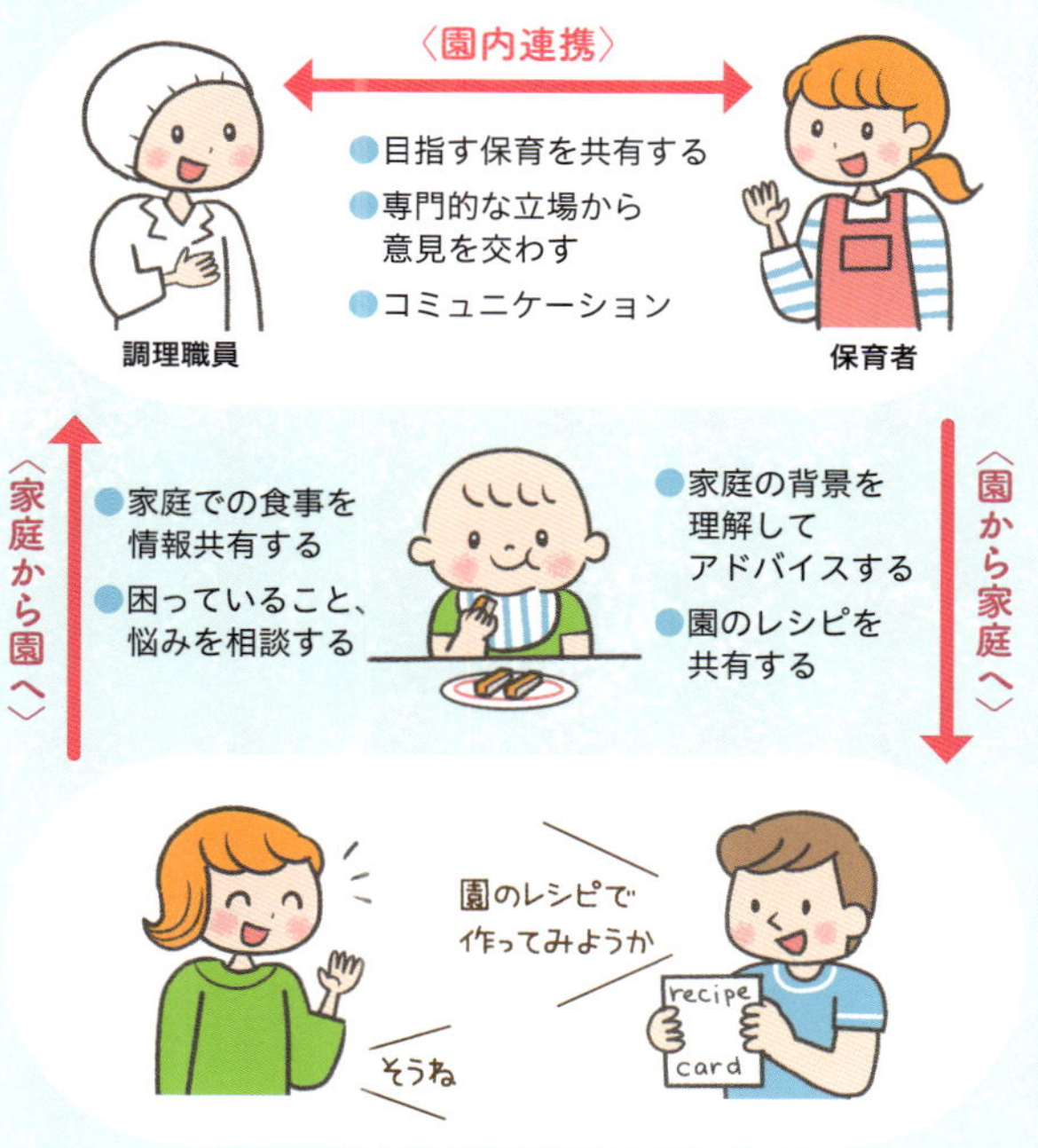

調理形態

なめらかにすりつぶした状態から始め、徐々に粒を残し、水分量の減った形態に。

舌でつぶせる、豆腐くらいの固さ。

歯ぐきでつぶせる、バナナくらいの固さ。

しっかり噛むことを覚えるので、ある程度形があるものを。

写真提供：キユーピー

食事② 幼児食

大人と同じ食事まであと少し 食への興味がさらに広がる

離乳食を終え、大人と同じ食事に移行する前に

離乳食を完了したからといって、子どもはすぐに大人と同じものが食べられるわけではありません。咀嚼の力や消化機能の発達、歯が生え揃っているかどうかなど、まだまだ個人差が大きく、大人と同じ大きさや味の食事を食べることは難しい段階です。そこで離乳食を完了した子が徐々に大人と同じ食事に移行する間の食事を「幼児食」と呼ぶことがあります。

0～2歳児の子どもの施設では、1歳児頃を目安に幼児食に移行することが多いですが、離乳食のように目安になる進め方や量、調理方法などのはっきりした定義はありません。園により離乳食・移行食・幼児食と3段階に分けているところもあります。園の規模や食事への考え方によって捉え方が異なり、そこには意向や配慮が含まれていることを知ったうえで自園の子どもに合わせて対応していきましょう。

保育者が関わりながら食べる力の成長を支える

食事が乳汁栄養から大人と同じ食事へと移行する間には、さまざまな段階を経ます。保育者は食事の形態の変化を「切り替え」というより、〝成長とともに徐々に次の段階に近づいていくもの〟と捉えておくとよいでしょう。

また離乳食の時期同様、発達には個人差があります。メニューによって保育者が**おかずを一口サイズに切ったり、スプーンでつぶす**などして、個々に合わせた細やかな配慮をし、食べる力の成長を支えていくことが大切です。

この時期はさまざまな食材に出会い、味や食感などの経験が広がります。食べ慣れていない味や食材は嫌がることもあり、食べものへのこだわりも出てきます。**子どもが食に興味をもち、食経験が豊かに広がっていく**よう、保育者は安全に留意しながら、楽しく、心地よく食べられる配慮や雰囲気づくりをしていくことを心がけましょう。

心がけるポイント！

1 発達の違いに留意

一人ひとり食べる力が違うので、必要に応じて切る、つぶすなど、安全に留意した個別の対応が必要です。

2 楽しい雰囲気づくり

子どもの食への興味を後押しし、食べたいという意欲をもてるように、温かく楽しい雰囲気づくりを心がけましょう。

3 使いやすい食具を

持ちやすいスプーン、食べものをすくいやすい形状の器なども用意することも大切です。

実践!! アレルギー対応は子どもの思いを大切に

アレルギー対応については、対象園児の数やアレルギーの種類、度合い、その園の規模や環境などによって変わり、各園で異なります。一番大事なのは、子どもが安全に楽しく食べられることです。子どもの「食べたい」という思いを大切にしたうえで、保護者の思いにも耳を傾けながら、保育者と調理関係者で連携し、園で可能な最善の対応を考えます。

食材

アレルギーの有無は入園時にわかっている場合もあれば、年齢的にまだわからない場合もあります。特定原材料の28品目にあたるものは、必ず家庭で食べたことがあるかを確認してから提供します。

食事前

除去食はどの保育者でも対応ができるように情報を共有します。また、テーブルクロスやトレイの色を変えるなどして、ひとめでわかるような工夫を徹底します。対応に変更があった場合などは必ずその都度共有し、確認します。

食事中

除去食のときは、保育者の隣でほかの子との接触が少ない角の席にする、などと決めておくのも一案です。安全を守りながら、子どもが違和感を抱かないような配慮を工夫しましょう。

食後

食べ終わった後も席についていると、思わずほかの子の食べものに手が伸びる可能性もあるので、別の場所に行ってゆっくりあそべるようにします。拭き掃除などは徹底して行いましょう。

幼児食のための食器と環境

離乳食の延長にある幼児食は、食事の内容以外にも子どもの様子や発達に合わせて配慮を行います。

食具や器、環境についてのポイントを紹介します。

食具

持ち手が丸まっている握りスプーンは、口の奥まで入らないので安心。

子どもの様子を見て持ちやすいスプーンへ

スプーンを持ちたがる様子が見られたら握りスプーンを用意します。握りスプーンですくい口に運ぶようになり、落ち着いて食べていられるようになったら、まっすぐな柄のスプーンに移行を。

器

角がある器はスプーンですくいやすい。
陶器はある程度重さがあるので安定し、プラスチックよりひっくり返すことが少ないのが利点。また大人の様子を見て、子どもも器を丁寧に扱うことを経験していきます。

自分で食べるときに使いやすい形や素材を

お皿は１枚の中に複数のおかずを入れられるプレートではなく、おかずをそれぞれ別に盛り付けられる器を。自分で食べようとするときに隣のおかずと混ざらないので、それぞれのメニューの味を経験するのに適しています。また、平らな器はスプーンですくいにくく料理がこぼれやすいため、角のある器がよいでしょう。

椅子とテーブル

子どもの体に合った椅子とテーブルを

まず座ったときに足が床につくことを確認。つかなければ足元に台を置くなどしましょう。足がしっかり床についていることで姿勢が安定し、きちんと咀嚼することにつながります。椅子やテーブルは滑りやすくないか、安定して姿勢が保てるか、少しの動きで倒れないかなども大切です。全員同じ椅子で揃えるのではなく、発達に合わせて用意を。

ひじ置きがあると、座る姿勢が安定する。2 歳児になったらひじ置きのないものを使っても。
足台があるものもある。

Check!

少なめに盛り付けておかわりを

「全部食べられた」という喜びを味わえたり、おいしかったものをおかわりできるという満足感を得られたりするよう、最初の盛り付けは少なめにすることをおすすめします。

こんなときどうする!? Q&A

Q 食に興味がないのか食べる意欲が見られません

A 気が散るものがないか周囲の環境の再確認を。

家族やほかの子と食卓を囲むなかで、食べることに興味をもつこともあります。また、あそびから気持ちを切り替えるのに時間がかかる子もいます。おもちゃが見えるところに置かれていないか、家庭ではテレビがついていないかなど、気が散らないような環境づくりの配慮を。

Q お菓子や甘いものが好きで困ります

A きちんと説明して、保護者の理解を得ましょう。

甘みや油の強い味を経験すると、まだ味覚の幅が狭い子どもは、ほかの味を薄いと感じ、強い味を欲するようになります。今は味覚を広げる大事な時期だということを、保護者会や保護者との相談の場面で伝えていきましょう。

Q 好き嫌いがあり偏食が心配です

A 「これが嫌い」という決めつけは禁物です。

例えばほうれん草のおひたしは食べないのに磯辺あえなら食べる、ということはよくあります。味や食材の組み合わせによることが多いですが、今はいろいろな味や形を経験している途中なので、「この子はこれが嫌い」と決めないほうがよいでしょう。無理に食べさせず味や切り方を変えたり、家庭で食べなくても園でなら食べる場合は園の給食のレシピを提供したりしてもよいと思います。

離乳食について

Q 食事の時間に立ち歩きます

A 食事とあそびの時間の区切りをつけることも必要です。

歩けるようになると興味が広がり、食事のときでも座りたがらない時期があります。何度か「おいしいごはんが待ってますよ」などと声をかけてもあそび続けるようなら、「ごちそうさまにして、次のごはんのときにまた食べようね」と区切りをつけることも大切です。経験を積み重ねるうちに見とおしがもてるようになり、「ごはんを食べてからあそびに行こうね」と、声をかけると伝わるようになります。

Q 決まったものばかり食べたがる子の対応に困ります

A さまざまな食材や味と出会えるような工夫を。

こだわりや好みが出てきていると捉え、一緒においしさを味わいながら、さまざまな食材や味に触れられる機会を工夫しましょう。また家庭での食生活について保護者に聞いてみるのもよいでしょう。空腹具合や体調、食事の雰囲気、食材の調理方法などによって食事の様子が変わることはこの時期よくあることです。日々の様子を丁寧に把握しながら対応を考えましょう。

Q 食事中にどんな声をかけたらよいですか？

A 雰囲気づくりも意識して、楽しいやりとりを。

たくさん食べてもらいたいという気持ちから、知らず知らずに「全部食べられるかな」「よそ見しないでね」など、子どもにとってあまり心地よくないことばをかけていることがあります。場の雰囲気は保育者のことばが大きく影響します。「おいしいね！」「この野菜はどこから来たのかな」といった、楽しいやりとりを心がけましょう。

Q 異なる食文化をもつ子にどう寄り添えばよいですか？

A 多様性への配慮を前提に、保育者自身が理解することから。

多様な文化的背景をもつ方がいるので、まず保育者自身がしっかりそれを理解して、家庭でのマナーやルールなどを尊重しながら配慮する必要があります。入園時にしっかり確認をし、差別につながらない関わりを心がけましょう。

幼児食について

Q 補食は必要なのか保護者から質問がありました

A 3回食では不足する栄養を補うために必要です。

補食はおやつとは異なり、3回の食事で摂りきれない栄養を補う意味があります。時間は主に昼食から夕食の間に1回で、まだ咀嚼力も消化力も弱い子どもにとっては、補食も大切な食事と捉えます。うどんやおにぎりなどのエネルギーになるメニューにしている理由も伝えましょう。

Q 口に詰め込もうとする子への配慮の仕方は？

A 声かけや口の動きで咀嚼を促してみては。

自分で食べたい気持ちを尊重するのは大切ですが、保育者の介助は必要です。スプーンでつぶしたり切ったりして、ひとくちの量に配慮し、丸のみにならないよう「カミカミだよ」と声をかけたり、「モグモグしようね」と保育者がモデルになって自ら口の動きをやって見せたりしましょう。

Q 虫歯を気にする保護者への対応は？

A 食後にお茶を飲むなど口腔衛生に留意しましょう。

園では乳児の歯磨きは行っていないことが多いため、できることは限られます。ただ、食後にお茶を飲むなどして、口内にできるだけ食べものが残らないようにする配慮をしましょう。また、かかりつけの小児歯科医院を見つけ、定期検診に通うことをおすすめしてもよいでしょう。

排泄

排泄のタイミングは効率より子どもの気持ちが大切

気持ちよさを共有しコミュニケーションの時間に

0～2歳児クラスの保育者にとっておむつ替えは、1日に数えきれないほど行うこと。頻度が高いからこそ、子どもにとって〝大好きな大人との気持ちのよい時間〟になるように心がけましょう。

「さっぱりしたね」などと語りかけ、おむつを替えると気持ちがよいことを共有するとともに、**保育者と笑顔を交わし合う、コミュニケーションの機会**ということも忘れずに関わりましょう。

またおむつ替えには、**子どもの体調のチェック**という大切な役割もあります。便や尿の状態や排泄の回数を把握し、皮膚に湿疹などの症状がないかを確認します。普段から注意して見ていくことで、小さな変化に気づき、体調不良の前兆に気づくことができます。

子どもの気持ちを尊重して楽しく関わりましょう

ときどき保護者から「子どもがなかなかおむつを替えさせてくれない」という声を聞きます。むしろ、そのほうが自然、と考えたほうがよいでしょう。ちょうど1～2歳は自我が芽生える時期。そのときにやっているあそびを中断したくないので、〝今はいやだ〟という気持ちは、当然のことかもしれません。排泄は一人ひとりタイミングも違うため、**大人が効率よくやろうとするのではなく、子どもの様子を見て声をかけ、気持ちを尊重しながら寄り添います。**

排泄をはじめ、生活習慣を習得する過程での保育者の関わりは、子どもの心の育ちとも密接につながっています。心地よく楽しい時間になるように、声かけや働きかけを工夫してみましょう。

心がけるポイント！

1 体調把握の目安に

便の状態がいつもと違う、回数が多いまたは少ないなど、いつもと比べて変化がある場合は、体調不良の前兆かもしれないので、注意が必要です。

2 本人の気持ちを大切に

自我が芽生える月齢でもあり、おむつ替えを嫌がることが増えてきます。子どもの様子を見ながら楽しいやりとりで誘うなど、声かけを工夫してみるのもおすすめ。

3 感染予防はしっかりと

おむつ替えのタイミングは、細菌やウイルスの感染リスクが高まります。清潔を保つために、手順をルーティン化しておきましょう。

実践!! うんちとおしっこで健康状態を確認

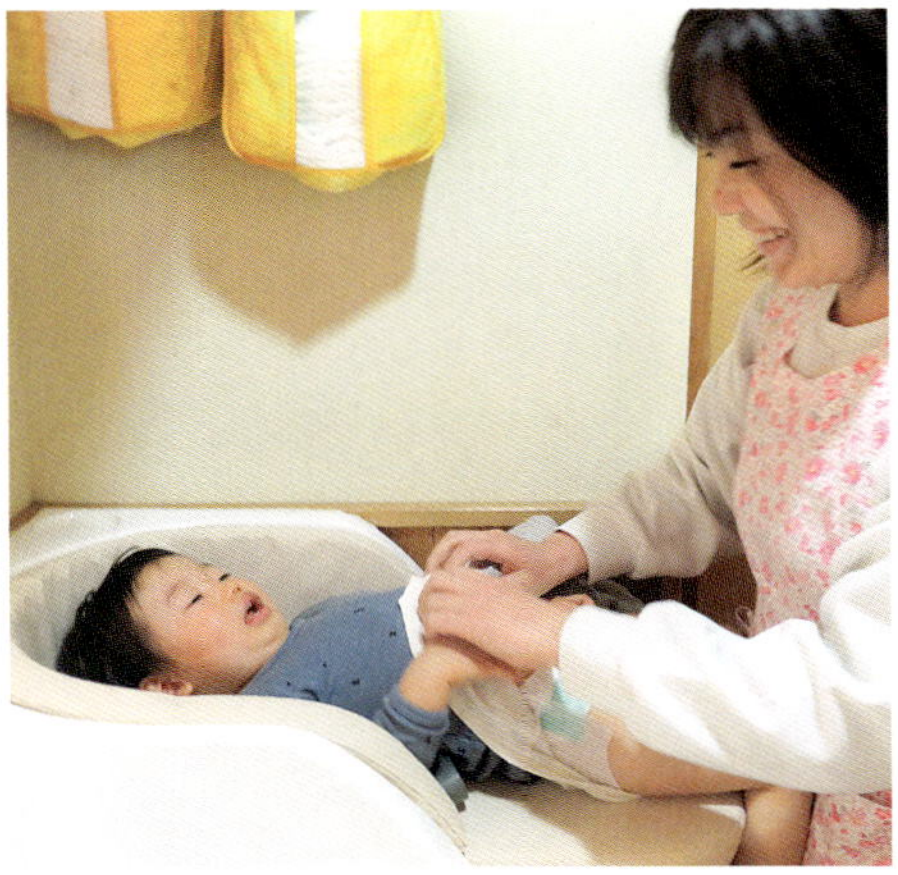

排泄物はその子の今の体調が現れている大切な情報です。必ず色やにおいなどを確認し、もし気になることがあれば小さなことでもほかの保育者、保護者と共有します。そうすることで、食事や過ごし方に配慮できるとともに、体調の変化への心構えができます。また、便の色や形状は薬や食べたものなどによっても変化します。いつもと様子が違うと気になるときには、保護者に確認をして具体的な情報を把握したり、共有することが大切です。

うんちとおしっこをチェック!

軟便と思っても、その子にとっては通常ということがあるので、普段のうんち・おしっこの様子を把握しておくのが大事です。

回数　におい　色・形状・量　消化されているか

肌をチェック!

性器やおしり、お腹周り、太ももなど、皮膚の疾患や傷がないか確認を。何らかの症状が見られた場合は広がったり、増えたりしていないか、また痒がるかなども記録します。

食べたものを振り返る

うんちに未消化のものが混じっていた場合は、調理法や食材の切り方が合っていないことがあります。連絡帳に書いてある自宅での食事内容も確認します。

感染症を広げないために

園で感染症が流行った場合は、保護者も含めて蔓延《まんえん》するのを避けるために、罹患《りかん》児のおむつ替えをする保育者を固定します。場所を介しても感染の可能性があるので、必ず一定の場所で行い、その都度消毒します。

楽しくおむつ替え 声かけアイデア

おむつ替えの声をかけるときは、その子にとって突然の出来事として驚かせないという意味で、段階を踏んで声をかけていくとよいでしょう。

最初に声をかけたときはまだ行きたくない気持ちでも、2回目に声をかけると、そろそろかなと見とおしがもてたりします。保育者側も子どもとのやりとりを楽しむ余裕をもって、声をかけましょう。

あそびの合間でタイミングを見計らって

そろそろおしりさん、かゆいかゆいではないですか?

あそびの延長線上でのやりとりのなかで

いらっしゃいませ、本日のおむつはどちらにしますか?

いよいよ取り替えるというときは

ピーポーピーポーです。ご協力お願いします

大変です、Aちゃんのおしりが「助けてください」と言ってます!

おむつ替えの準備と手順

子どもをおむつ台に寝かせる前に、ひと通り準備をしておきます。動線を最小限にして、動きに無駄をなくすことで、子どももストレスなく過ごせるうえ、おむつ台から転落するなどのリスクも減ります。

うんちのときの 保育者の準備

うんちのときは、細菌やウイルス感染予防の観点から清潔を保てるように準備します。

新しいマスク

飛沫対策用メガネ

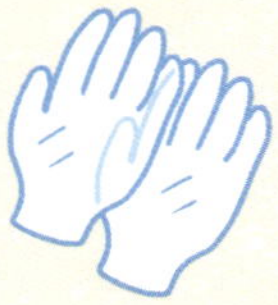

使い捨て手袋

エプロン

ビニールコーティングされたエプロン。飛沫が飛んでも染み込まず処理しやすい。

おむつ替えセットの準備

おむつ替えに必要なものは、まとめておむつ台近くに置いておきます。

ゴミ箱

使用済みおむつなどを入れるので、ビニール袋をかけておく。

おしり拭き

東京家政大学ナースリールームでは脱脂綿を使用。使うときは、数枚出しておく。脱脂綿を使用する場合はぬるま湯を入れたポットと小さな器（絞る用）を用意。

使い捨てのおむつ替えシート

うんちのときだけ敷く。

ビニール袋

おむつ替えの手順

**おしっこのときは手順1〜2、4を、
うんちのときは
手順1〜5を行います。**

※おしっこのときに3の工程を行うこともありますが、拭きすぎると皮膚を刺激し、乾燥をまねくこともありますので、子どもの様子を見ながら行いましょう。

1 「おしり、さっぱりしようね」などと声をかけて、子どもを寝かせる。

2 新しいおむつを広げて、おしりの下に敷く。前のおむつを脱がせる。

3 脱脂綿を濡らして、おしりを拭く。やさしくぬぐいとり、都度ゴミ箱に捨てる。

女の子の場合
尿道や膣にばい菌が入らないように前から後ろに拭き、後ろから前には戻らない。

男の子の場合
陰嚢（おちんちんのふくろ）の周りも拭く。うんちがしわの間に残っていないか確認する。

4 お腹やおしりの肌の状態を見る。おしりが湿っているときは少し乾いてからおむつをつけ、おむつ台からおろす。おしっこのときは、ここでおむつを捨て、手を洗う。

5 使用したおむつ替えシートと手袋をおむつと一緒に、準備しておいたビニール袋に入れる。袋の口をしっかり結んで捨て、手を洗う。

Point

このときだけのおもちゃも
時間がかかりそうなときや、よく動く子には普段は出していない特別なおもちゃを用意したりして、飽きない工夫を。

手と目を離さない！
おむつ台に寝かせる場合は、子どもが一瞬で転落する危険があります。目も手も離さないようにしましょう。

指が1本入るかをチェック
テープタイプのおむつは、おへその下で指が1本スッと入る締め具合が目安。乳児は腹式呼吸なので、きついと呼吸が苦しくなることがあります。

ギャザーを確認
太もも周りのギャザーが外に出ているか、指を入れて確認します。

トイレトレーニングは開始時期の見極めが大切

排泄の自立を促すためのトイレトレーニングは、以下のポイントを目安に、無理なく段階的に進めましょう。

4つの見極めポイント

1 トイレに興味を示す

子どもにまだトイレへの興味や関心がないときにトイレトレーニングを始めても、意欲が高まらないため持続しません。大人や友だちがトイレに行く姿に興味を示すようになったら、誘ってみましょう。最初は出なくても便器に座るだけでOKです。

2 排尿の間隔が長くなる

おしっこをためる膀胱の機能が未発達だと、トイレに行く回数も増えるので、子どもが嫌になってしまうことがあります。少なくとも1時間半以上、排尿の間隔があくようになってからスタートを。

3 尿意を子ども自身が感じている

おしっこが出そうな感覚を子ども自身が感じているようであれば、排泄の自立への第一歩です。もじもじする様子が見られたら、トイレに誘ってみましょう。

4 排泄したことを伝えられる

おしっこやうんちが出た後に、おむつを脱ごうとするしぐさや、大人に排泄したことを伝えようとする様子が見られたら、「今度、トイレにすわってみようか？」と働きかけてもよいでしょう。

こんなとき どうする!? Q&A

Q うんちが漏れる子はおむつのサイズの問題でしょうか？

A 体の成長がとても早いのでこまめなサイズチェックを。

おむつはメーカーによってもサイズやフィット感が違いますし、体重の割にお腹周りや太ももが細い、便の量が多いなどさまざまな原因が考えられます。まずはギャザーが外に出ているか、腰や足におむつがフィットしているかの確認を。成長が著しい時期なので、おむつのサイズチェックはこまめにしましょう。

Q 家だとトイレでおしっこができません

A 安心できる排泄の環境の見直しを。

排泄はとてもデリケートなので、子どもはリラックスできる場所でないと、おしっこやうんちができないこともあります。また、園では子どもの体のサイズに合わせた便器が設置されていますが、家庭だとどうしても大人のサイズに合わせたものに補助具をつけるケースが多いので、感覚的にしっくりこないのかもしれません。家庭と園の環境の違いを見直してみましょう。明るさに配慮する、好きなキャラクターのシールを貼るなど、家庭でもその子がリラックスできるトイレの環境を工夫することが大切です。また、うんちなどがしたくなったときに、部屋の隅やカーテンの後ろなどに行く場合は、無理にトイレに誘う必要はありません。「出たら教えてね」と声をかけるだけで充分です。

Q 声かけしても逃げる子をさっと連れていっておむつを替えるのはだめですか？

A 子どもの気持ちを第一に考え、無理に連れていくのは避けましょう。

たとえ時間がなくても、子どもがあそんでいる後ろからヒョイッと抱いて連れていくことはやめましょう。突然の行為は驚いてしまうのと同時に、自分の気持ちを無視されたという経験になります。どんな月齢であっても声をかけてから行いましょう。よく動く子は、おしっこであれば、つかまり立ちの体勢で替えてもよいでしょう。

Q 保護者が排泄の自立に協力的ではありません

A 各家庭の事情を踏まえて園としての対応に理解を求めます。

できれば園と保護者で同じ方向を向くのが理想ですが、家庭で第二子や第三子の妊娠・出産や、病気や介護、仕事など、さまざまな理由からできない状況も。それでも、子どもがトイレに興味をもっているようなら、「家庭では無理しないでよいのですが、園ではトイレを促してみようと思うのですが、いかがですか」と相談しましょう。

清潔① 肌のケア・沐浴・シャワー

肌トラブルには要注意 適切なケアで清潔さを保つ

夏に増える皮膚のトラブル

乳児の皮膚は、何もしなくてもみずみずしく見えますが、肌の一番外側の表皮の厚さは大人の約半分しかなく、皮膚のバリア機能が未熟で非常に繊細です。そのため外からの刺激の影響を受けやすく、**暑い季節は汗や紫外線、虫刺されなどが原因となり、皮膚のトラブルが増えます。**おむつかぶれやあせもなどは特に夏に多く見られ、放っておくと痒みから掻きこわして、とびひ（伝染性膿痂疹《でんせんせいのうかしん》）などの感染症につながることがあります。

乳児が気持ちよく健康に過ごすために、まずは乳児の皮膚の特徴を理解しましょう。また、園でできるこまめな予防、そして夏特有の肌のケアの方法を理解しておくことが大切です。

悪化させないために日常のケアを大切に

子どもは大人より汗をかきやすいため夏の肌のケアの一番のポイントは、**汗をかいたら洗い流す、拭く、着替えるなどして清潔にする**ことです。また、肌の状態によっては保湿も必要です。

園では、暑くなる頃から、沐浴やシャワーをほぼ毎日行います。石けんやタオルでの拭き方が刺激になって肌が荒れることもあるので、正しい沐浴・シャワーの方法を頭に入れておきましょう。

同時に、子どもの全身を観察し、健康状態の把握や皮膚の変化に早めに気がついて、悪化させないようにすることが大切です。皮膚を保護するためには日頃の配慮や正しいケアが欠かせません。汗をかかない環境をつくることよりも、夏の暑さや汗とじょうずに付き合う関わりをすることが大切です。

心がけるポイント！

1 清潔にする

汗や汚れは洗い流し、汚れたままにしない。

2 刺激を少なくする

タオルやスポンジで擦ったり、一日のうちで石けんを何度も使ったりするなど、肌に負担のかかることをなるべくしない。

3 保湿する

子どもによっては病院で処方された保湿剤を使用する場合も。

実践!! 皮膚トラブルの予防と対策

虫刺され

虫に刺されやすい子は、外出用に薄手の上着や長ズボンを保護者に用意してもらい、皮膚の露出をできるだけ少なくして予防します。もし刺されたら患部を水で洗い流し、かゆみが続く場合は冷やします。

あせも

汗腺に汗が詰まり皮膚が炎症を起こした状態です。皮膚が擦れ合う部位に多く発症します。こまめに着替え、汗を洗い流すことが予防にもケアにもなります。昼寝の寝入りどきなど、汗をかいてもすぐにシャワーができないときは、背中にガーゼを入れて寝たら抜くなどして、汗が体に溜まらないように気をつけます。

おむつかぶれ

おむつをしている部分に湿疹ができ、ひりひりした痛みやかゆみを起こします。こまめにおむつを替え、うんちのときはシャワーなどでおしりを流します。おむつが汗で蒸れているようなら、パンツタイプからギャザー部分の少ないテープタイプに変えても。

日焼け

涼しい時間帯を選んで、帽子をかぶって外出します。あそぶときは直射日光の当たる場所は避けます。地面からの照り返しも確認します。

乾燥

一年をとおして皮膚の乾燥に注意します。冬は空気自体が乾いており、昨今はエアコンの影響で室内も乾燥しがちなので、どうしても皮膚の潤いが奪われてかさつきます。かゆみをがまんできない乳児は、爪で掻いて肌を傷をつけてしまったり、乾燥性の湿疹ができたりします。白色ワセリンは皮膚をコーティングするとともに、水分が失われるのを防ぎます。乾燥しがちな部分に塗るほか、口の周りが荒れやすい子には、食事の前に口の周りに塗り、食事の汁やよだれから肌を保護する目的でも使用します。

こんなところも要チェック!

爪はこまめに確認!

虫刺されやかさぶたを掻きこわすのを防ぐためや、ほかの子を傷つけてしまわないように、爪を短く切っておくように保護者へお願いしましょう。

夏でも肌着の着用を!

夏でも肌着の着用をすすめましょう。肌着が汗を吸い取り、快適に過ごせるとともに、肌を保護するためにも有効です。最近増えている速乾性をうたった生地は、子どもによって合わない場合があります。綿 100% などの天然素材で通気性のよいものがおすすめです。またキャミソール型の袖のない肌着は見た目には涼しそうですが、脇周りに汗が溜まります。袖のあるものを選びましょう。

沐浴・シャワーの基本

汗をさっぱり流すと、爽快感を得られ、気持ちもすっきりします。
歌をうたったりやさしく声をかけたりして、楽しく心地よい時間になるように心がけましょう。

沐浴 シャワー 共通

入る前の準備

体が冷えないように空調の調節をする

室温は普段の活動時よりもやや高くして、沐浴やシャワー後に体が冷えないように気をつける。

湯温は38～39℃

必ず手で触って確認。沐浴は湯温計も使う。

着替え・タオルはあらかじめ準備する

０歳児には着替えを広げて準備し、１～２歳児は、着替え、タオル、おむつをセットにしてまとめておく。２歳児はその日に身に着けたいものや好きなものを選んでもらってもよい。

担当を分担する

沐浴・シャワーと保育をする担当を決め、子どもから目を離さない。

子どもの皮膚の状態をチェック！

湿疹や虫刺されなどがないかを見る。

ひとり10分程度を目安に

時間をかけすぎると子どもが疲れてしまうため、着替えも含めて 10 分くらいで行う。

気をつけること

沐浴

- 主に０歳児が対象。お座りができれば、浴槽に座る。
- 空腹時、授乳や食事の直後、眠いときを避ける。
- 最後はきれいなお湯でかけ湯を。
- ひとり入ったら、その都度お湯を流し浴槽を洗ってから次の子を入れる。

シャワー

- 安定して立ち、水を怖がらなくなったらシャワーへ移行する。
- 外あそびから戻ったときや、寝起きで汗をかいたときに。
- 危なくないよう、手すりを持つなど気をつけることを丁寧に伝える。
- 床が濡れると滑るので、転倒しないようバスマット（足拭きマット）を使用し、濡れた場合はその都度床を拭く。

沐浴 シャワー 共通

洗い方のポイント

頭

怖がらなければ、水をかけて洗い流す

顔

最初に洗う。濡らしたガーゼで拭き、目は一度拭いたら再び目には戻らず、ガーゼの別の部分で拭き直す

体

保育者の手や指の腹でやさしくなでる

腕・手

月齢の小さな赤ちゃんは、手を開いて手のひらも洗う

首・手首・足首・ひじの内側・ひざ裏

皮膚が擦れ、汗や汚れが溜まりやすい。皮膚が擦れ合う部分に指を入れて、汚れを落とす

おしり

最後に洗う。足の付け根も汗が溜まりやすい

沐浴 シャワー 共通

洗い終わったら

- タオルで押さえるように拭く
- 水分補給をする

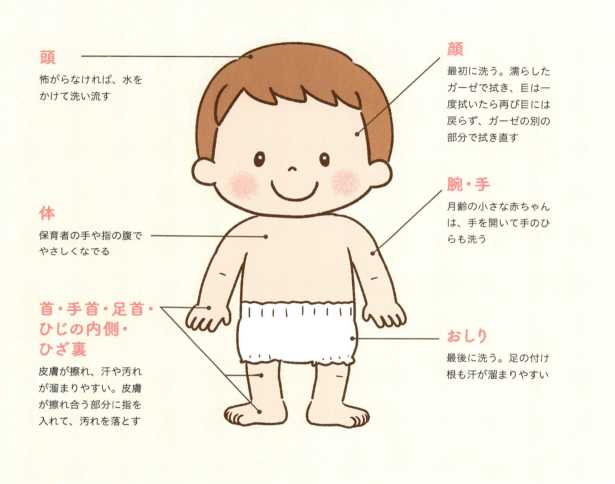

清潔② 着脱

子どもの自主性が伸びるように保育者はさりげなく手助けを

着替えの気持ちよさを伝えることからスタート

0～2歳児の着脱の際は、まず着替えの気持ちよさを感じられるような関わりを心がけるのが大切です。自分で着替えることができない月齢でも、汗をかいたり衣類が汚れたりしたときに**「着替えてさっぱりしようね」「気持ちがいいね」**とくり返し語りかけていきます。このような経験を積み重ねることで、服が汚れたときに、子どもが自分から着替えたいという気持ちが芽生えてくるでしょう。

やがて成長に伴い、洋服の色や柄などに興味をもち、好みが出てきて、これを着たい、これは嫌だと意思表示をするようになります。そのときは「どの洋服にしようか？」「ピンクが好きなんだよね」と、**できるだけ子どもの気持ちを尊重して寄り添います。**そのような関わりが、着脱に対して、受け身ではなく自分のこととして捉える気持ちの育ちにつながります。

大切な生活習慣として身につけるための関わり

あるときまで大人主導で着替えをしていたのに、「2歳になったのだから自分でやろうね」と突然子どもにやらせようとしても、それは難しいものです。

個人差はありますが、子どもが興味をもち始めたら、その気持ちを受け止めて、着脱しやすい環境を整えていきましょう。また、困っているときには「こっちのトンネルから頭を出してみよう」などと**子どもがわかりやすいことばでやり方を具体的に伝え、応援します。**大人と関わりながらゆったり取り組んでいくと、やがてはひとりでできるようになっていきます。

着脱のような生活習慣は、一朝一夕に身につくものではなく、毎日の積み重ねで少しずつ覚えていくものです。保育者が丁寧に関わることで、次第に必要なときに自分で判断して着替えるという姿につながっていきます。

心がけるポイント！

1 着替えるときは必ず声をかける

嫌がるからと、何かをしている最中にさっとズボンを脱がすなどすると、バランスを崩して倒れる危険も。人への不信感にもつながるので、必ず声をかけてから行いましょう。

2 時間に余裕をもっておく

子どもが自分で着替えようとするときには、慌てずに取り組めるよう急がせずに見守りましょう。子どもの気持ちが満たされるように意識します。

3 低月齢児には衣類を重ねて

0歳の低月齢児が前開きの服を着るときは、肌着と上に着るものを重ねて準備しておき、何度も体勢を変えたり、移動させたりしなくてよいようにします。

実践!!

着脱をとおしてこころの育ちにつながる関わりを

子ども一人ひとりの発達や個性を尊重しながら、こころの成長につながる関わりを意識しましょう。

うまくできなくても否定しない

子どもが自分で洋服を着ようとしても、最初はきちんと着られないことが多いものです。そのとき「うしろまえだよ」など指摘することばでなく、できたことの喜びを共有し、「さすがだね」など肯定的に受け止めましょう。できたことや頑張りを認められることで、次につながる意欲が生まれます。

こだわりを尊重する

だんだんとこだわりが芽生える時期なので、柄や色への主張が見られ始めます。保育者は、その子のこだわりや大切にしているものを一緒に大事にするよ、という姿勢で、可能な限り寄り添いましょう。大好きなものができ、それが認められて満足感を得ることは、こころの成長のひとつです。

先回りせず、「できた!」を大切に

園では、ほかの子の姿を見て興味をもち、自分でおむつを脱ごうとしたり、靴を履こうとしたりする姿が見られます。そのときに、保育者はできるできないという視点ではなく、「見てるよ」「頑張って」という気持ちで見守りましょう。保育の効率を考え、先回りをして手伝ってしまわないよう気をつけます。

着脱しやすい衣類について

園は着替えの回数が多く、自分で着脱することも考えると、子どもが扱いやすいシンプルなデザインのものがおすすめです。また、あそびのなかで子どもが悪気なく引っ張ったり、遊具に引っかかったりする危険を防ぐために、フードやひもなどがついた衣類は避けたほうがよいでしょう。

前後がわかりやすいデザイン

前面に好きなマークや模様がついていると、前後の目印になり間違えにくくなります。子どもの興味や成長に応じて、ボタンやファスナーのある洋服を取り入れても。

柔らかく、伸縮性のある生地を

子どもの動きを妨げない、伸縮性のある柔らかい素材の洋服がおすすめです。靴も同様に硬すぎない素材で、面ファスナーで調節できるものがよいでしょう。

子どもの安全を守るためにも、衣類へ記名を

各家庭に間違えないでスムーズに衣類を返すために、記名のお願いはこまめにしていきましょう。誰の衣類かを確認する時間は、保育者が子どもから目を離すことにつながるので、子どもの安全のためにも大切なことです。

子どもの気持ちに寄り添って着脱をサポートする

安全面での配慮に加えて、イメージしやすいことばで伝えるなど着替えをしやすい環境を整えるといったサポートも重要です。

興味やこだわりが出てきたら自分で選べる環境をつくる

洋服や食事のエプロンを、「これは嫌」「これがいい」と言い始めたら、興味やこだわりが出てきたサイン。洋服入れにマークをつけるなど、自分で取り出しやすい環境にし、子ども自身が選べるような声かけをしましょう。着替えを自分のこととして捉え始めたときの、大切な配慮のひとつです。

手足を引っ張らず洋服を動かす

自分で衣類に腕や足を通すことのできない子どもの着脱の際には、手足を無理に動かさず、衣類のほうを動かします。肌着や上着を脱ぐときは、まず腕を袖から抜き、最後にゆっくり頭を抜くようにします。着るときはその反対に。

頭や鼻、髪にも注意してゆっくり

大人が着脱を手伝うとき、勢いよく脱がせて頭やあごが引っかかったり、服で鼻が擦れたりして痛い思いをしないようにゆっくり行います。ボタンなどに髪が引っかからないようにも注意を。

イメージしやすいことばで伝える

子どもに声をかけるときは、「おててはどこかな？お顔はここから“こんにちは”しようか」「大きいトンネルから足を入れるといいよ」など、子どもが思い浮かべやすいことばで伝えます。

子どもが着替えやすい場所を整える

例えば、子どもがひとりで靴を履こうとする姿が見られたら、子どもが腰かけてしっかり両足がつくベンチなどがあると履きやすいでしょう。同様に、ズボンや上着が広げられ、形がよくわかり、着替えやすいようなスペースを確保しましょう。

\Check!/

肘内障《ちゅうないしょう》に注意！

肌着や上着の着脱の際に、腕を強く引っ張ったりひねったりすると、肘内障になることがあります。肘にある靱帯が骨から外れてしまう症状で、少しでも動かすと激しい痛みがあります。特に１歳から６歳くらいの子に多く見られ、受診が必要です。着脱以外でも手をつないで急に引っ張られたり、あそんでいて腕をひねった際になることがあるので注意しましょう。

こんなとき どうする!? Q&A

Q 洋服を着るのを嫌がって逃げます

A 無理に着替えさせるのではなく、少し時間をおいてみては。

洋服を脱ぐのは好きでも、いざ着せようとすると嫌がることがあります。そういう場合は着せようと追いかけ回したりせず、まずは着たくない気持ちを受け止め、少し時間をおいて声をかけましょう。無理やり行うと着替えが嫌なことになってしまう場合もあります。

Q 同じ洋服ばかり着たがります

A こだわりの強さは成長の証《あか》しだと考えましょう。

保護者としては、ほかにもたくさん洋服があるのに、という気持ちになるかもしれません。あれもこれも欲しいというのではなくて、“この服がいい”という、好きなものを大切にする気持ちや、それを伝えられることを成長と捉え、その思いを尊重しましょう。

Q 着替えさせてもらうのが習慣になっている子がいます

A 少しずつ自立を促し、保護者にも情報共有を。

着脱への興味にも個人差があり、また家庭環境によってもその経験は異なります。園では保育者との楽しく心地よいやりとりを行い、少しずつ関心がもてるようにしましょう。また、家庭とも子どもの様子を共有し、保育者が配慮していることや心がけていることを伝えていくとよいでしょう。

Q 沐浴が苦手でいつも泣く子がいます

A どうして嫌がっているのかその理由を理解し、寄り添う。

なぜ嫌なのかを理解して対応します。沐浴の場所が不安なら、園での沐浴に慣れるために、お湯を溜める様子を一緒に見て「気持ちいいからね」「さっぱりしようね」「ここでチャプチャプしようね」など安心できるように見とおしを伝えます。顔にお湯がかかることが嫌な場合は、タオルなどを利用してなるべく水がかからないようにするなど、子どもが嫌がる理由に寄り添いましょう。

Q 沐浴やシャワーでは石けんを使ってもよいですか?

A 乾燥を招くおそれがあるので、園では石けんは使いません

洗浄力の強い石けんやボディソープで洗うと、肌の皮脂まで流してしまい乾燥を招きます。石けんは基本的には1日1回でよく、家庭で入浴するときに使用する程度で十分です。園ではお湯で流すだけにします。汚れがひどいときには刺激の弱い石けん少量をよく泡立て、泡をつけた手でやさしくなでるように洗うのがポイントです。

午睡

それぞれのペースに合わせて最適なタイミングで眠れるよう配慮を

個人差が大きいので子どものリズムに寄り添う

午睡は、この年齢の子どもの心身の健やかな発達という観点から、とても大切な休息の時間です。

まず、午睡は夜間の睡眠を補うためのもの、と捉えることを忘れずに。そして**必要な午睡時間は、個々の発達段階や体力、前日の就寝時間・その日の起床時間や活動量などによって一人ひとり差があります。**均一な生活リズムを園でつくり、それに当てはめていくのではなく、**子どもの様子を見ながら、それぞれのペースに合わせて対応する**ことが大切です。

例えば、午前と午後に2回の睡眠を必要としていた子が、1回のまとまった午睡で心地よく過ごせるようになる、本来は1回寝の子が週末の疲れが出て午前寝が必要になるなど、子どもの生活は毎日が同じではありません。日々の様子を丁寧に把握し、その都度対応を工夫していくことを心がけましょう。

生活リズムを把握し見とおしをもった関わりを

園だけでなく、連絡帳などから家庭での様子も確認し、保育者は一人ひとりの生活リズムを把握していきます。そして、そろそろお腹が空くというときに食事を用意する、この時間には眠くなるかなという前に午睡スペースの準備をする、というように、**子どもの心地よい生活リズムに合わせて見とおしをもち、環境を整えていきます。**

その子にとってちょうどよいタイミングで生理的欲求が満たされると、子どもは毎日を安定した気持ちで生活することができます。それを一人ひとりに保障できるように努めましょう。

また、午睡中の事故防止のために、安全に眠れる環境の整備や子どもへの配慮は欠かせません。異変の早期発見や、大きな事故を防ぐために、午睡時の子どもの呼吸や体位、状態などを定期的に確認します。安心と安全を考えながら、きめ細かな配慮をしましょう。

心がけるポイント！

1 個別対応が原則

眠くなる時間や午睡の長さは、各自の発達、活動量、起床・就寝時刻などによってさまざまです。一人ひとりきめ細かな対応が求められます。

2 見とおしを立てる

連絡帳の情報などを参考にして、おおよその生活リズムを把握したうえで、見とおしをもって保育にあたりましょう。

3 リスク管理は入念に

万が一にも午睡中の事故が生じないように、体勢や確認のポイントを共有し、保育者間で徹底します。

実践!!

個々の生活リズムを最優先する

同じ保育室に眠い子、あそぶ子、お腹が空いている子がいるなかで、保育を行うときのポイントを紹介します。

「寝」「食」分離の環境を整える

睡眠と食事、できればあそびの場も分かれていることが理想です。保育室に、ついたてや仕切りがわりの家具を置くなどして、可能な範囲で活動スペースを区切りましょう。眠い子は落ち着ける環境で眠り、眠たくない子は別の場所で本を読むなど、それぞれが気持ちよく過ごせる配慮が大切です。

それぞれの生活リズムを把握する

生活リズムが把握できると、活動の見とおしが立ちます。Aくんは大体1時間後に眠くなってくるので早めに食事を摂れるようにしよう、というように個々のペースに合わせて過ごし方を考えます。見とおしも重要ですが、子どもはいつも同じ状態とは限りません。目の前の子どもの様子から感じ取ることが一番大切です。柔軟に対応できるよう工夫しましょう。

家庭での様子を考慮する

午睡にまつわる保護者からの声で「夜なかなか寝なくて困っている」「午睡時間が長いのではないか」と相談されることがあります。午睡は夜の睡眠を補うものです。子どもや家庭にもよりますが、夜の睡眠が十分とれているかや、その子の体力や生活のペースなどを考えて午睡を切り上げる調節を検討したほうがよい場合もあります。子どもの生活は、睡眠とあそび、食事などがすべてつながっています。その子が気持ちよく自分のペースで生活できているかを考えることが重要です。大人の都合で生活リズムが乱れているということもあるので、その子に合った生活リズムを見直す機会にしましょう。

保育者間で連携をとる

さまざまな生活のペースの子の対応を、ひとりの保育者で担うのは難しいことです。保育者間で子どもの様子を把握、見とおしや情報の共有をして連携しましょう。

午睡時の関わりと注意点

あらかじめ少しずつ刺激を減らして、ちょうどよいタイミングで眠れるように
準備をするとよいでしょう。

午睡前の関わり

1 刺激を減らして、入眠環境を整える

直近の睡眠からどのくらいの間隔で眠くなるかを捉え、一人ひとりの生活リズムを見とおします。その子が眠くなる前に布団を準備し、おもちゃを片付けたり、激しいあそびを控えたりして環境を整えましょう。

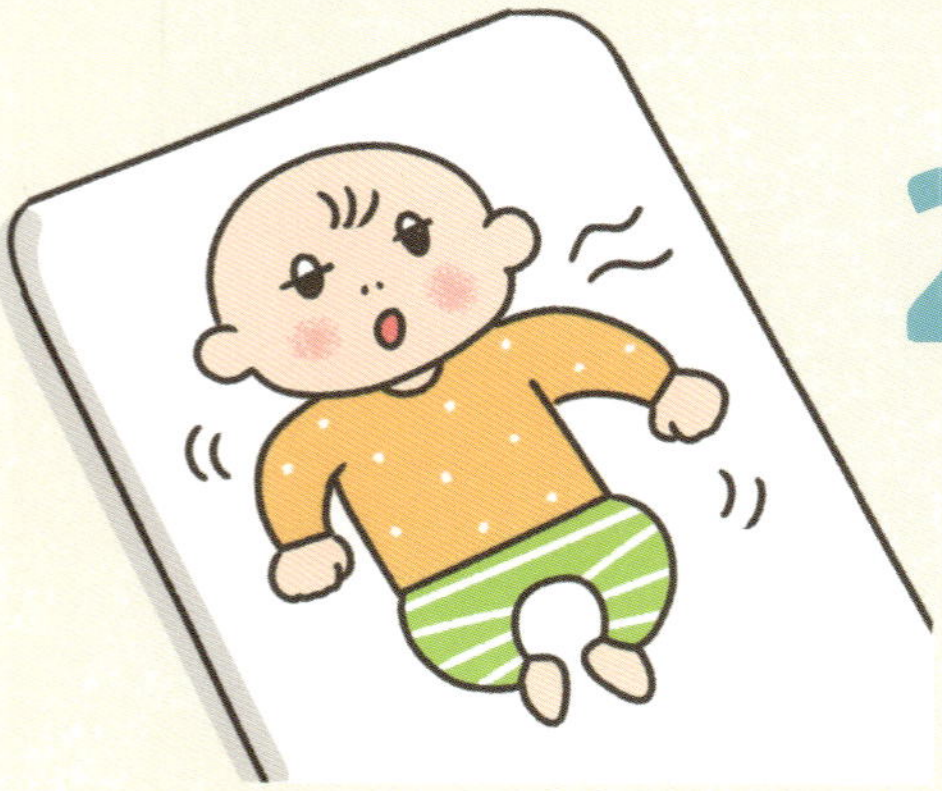

2 眠くなる少し前に声をかける

子どもが嫌がらなければ「あっちでコロコロしますか」などと声をかけ、午睡スペースに誘います。眠気や疲れを感じてきた頃に声をかけることで、子ども自身が午睡の心地よさを感じられるような配慮を。

3 リラックスできる関わりをする

落ち着く入眠の仕方はさまざまなので、背中をトントンする、お気に入りの歌をうたう、お話を語るなど、個々に合わせて対応します。

午睡中の関わり

保育者

子どもの顔がしっかり見える位置に座る。

子ども

- スタイなど首の周りにつけているものははずす。
- 口の中に食べものや異物がないか確認する。

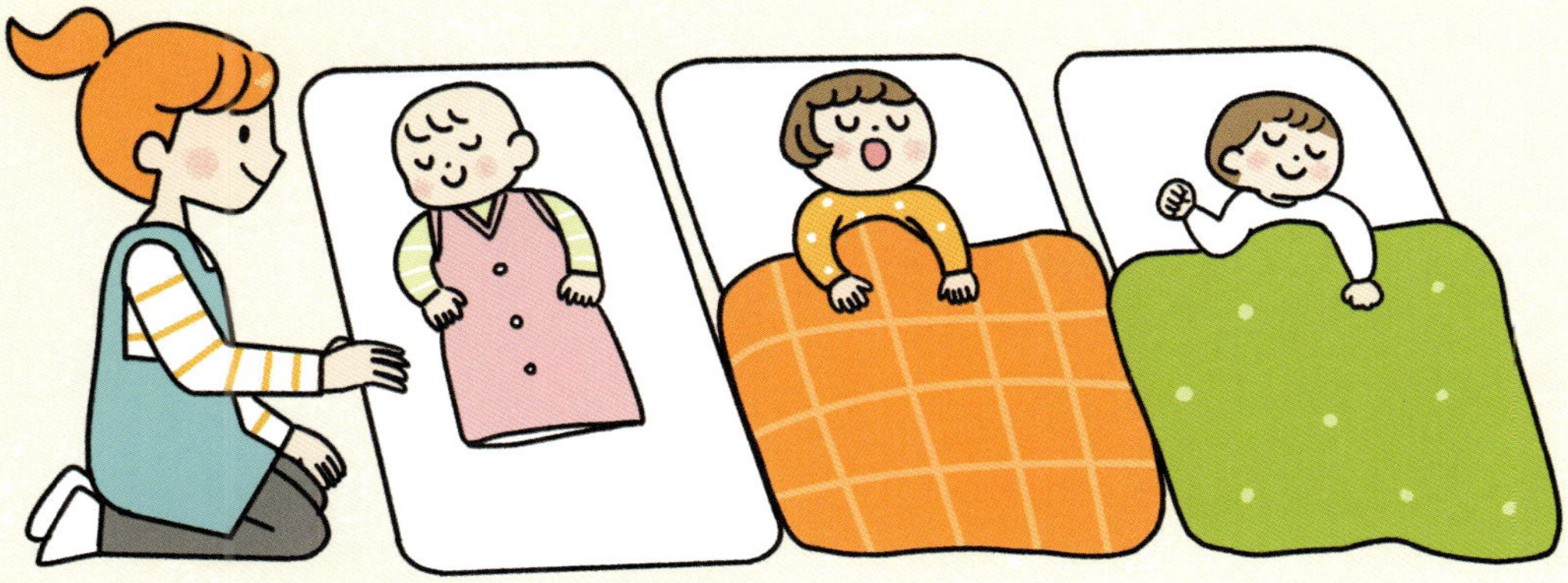

環境

- 子どもの口を覆う可能性があるので、シーツはしわをのばして敷く。
- 子どもの周りにガーゼやタオルなどを置かない。
- ベッドの場合は、柵に物をかけない。
- 顔色などが見えるように室内が暗くなりすぎないよう注意する。
- 授乳後ゲップをせずに眠った場合など、溢乳して喉につまらないよう、顔を横向きにするなど配慮する。

Check!

おもちゃと一緒に寝たいという子には、寝入るまでそばに置き、寝入ったら顔の周りから離しておきます。家庭でも寝具の周りにあるぬいぐるみやおもちゃなどは、同様の配慮をするよう共有するとよいでしょう。

必ず行います！

午睡チェック

午睡時は体調の急変や乳幼児突然死症候群（SIDS）などにすぐに対応できるように、0～2歳児全員について、5分または10分おきに体勢や呼吸などの確認を行います。目視だけでなく、手で触れて確認するとよいでしょう。またチェックする保育者が交代するときは、注意事項などの引き継ぎを必ず行います。

チェックすること

- □ 顔色
- □ 寝ている向き
- □ 表情（鼻づまりなどで苦しそうでないかなど）
- □ 体勢（うつ伏せの場合は仰向けに変える）

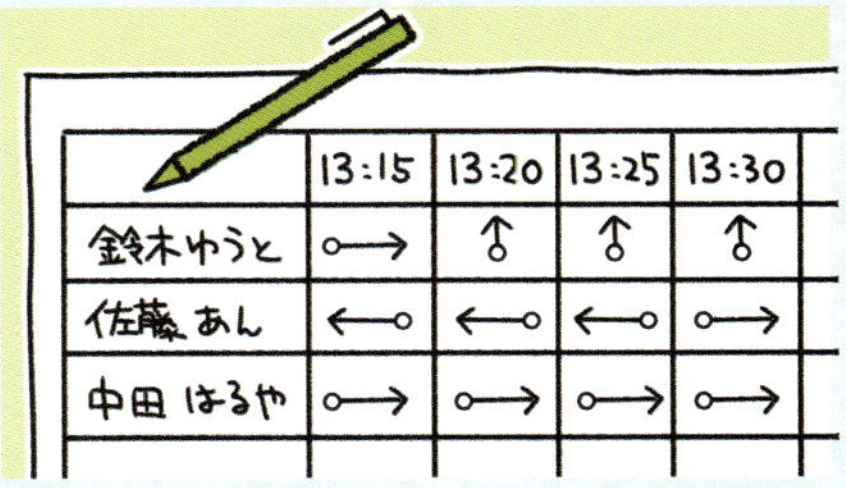

当園では矢印の向きで、寝ている向きを表します。

こんなとき どうする!? Q&A

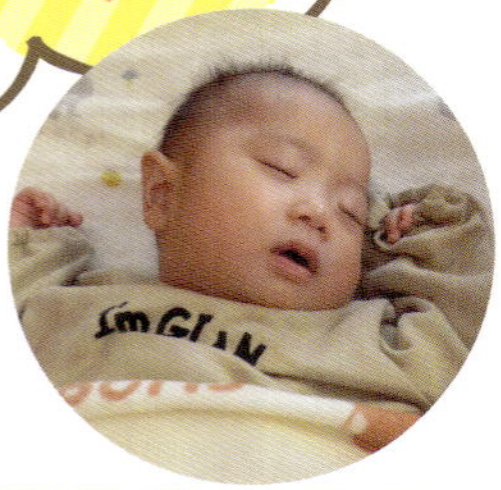

Q 眠れなくても、体を休めるために布団に入っているのがよいでしょうか？

A 体を休める環境や関わりを工夫して

布団に入って眠らなくても休息をとることは大切です。ゆったりと過ごしたり、自由にゴロゴロできるような環境や関わりを工夫してみましょう。また、午睡から目覚めてもまだ眠そうな場合は、保育者が寄り添い、安心して体を休められるよう関わってみましょう。

Q 寝起きや寝つきが悪い子はどうしたらよいですか？

A 気持ちよく寝起きや寝つきができる環境を工夫しましょう。

眠りの入り方にも起き方にも個性があります。刺激の少ない空間でゆっくりしてから布団に誘ってみる、なかなか起きられない子には早めに声をかけたりカーテンをあけるなど、時間にゆとりをもって気持ちよく目覚められるような工夫を考えましょう。

Q 家庭の事情で早寝早起きができない場合はどうしたらよいですか？

A 家庭の事情に配慮しながら、ともに考え、相談しましょう。

生活リズムの乱れは今だけの問題ではなく、長い目で見ると就学後にも影響する可能性があります。家庭環境を含めて理解し、保護者とともに考える姿勢が大切です。できることから少しずつ改善していけるように寄り添いましょう。

Q 午睡時間が短くすぐに起きてしまいます

A 日中の活動の様子を見て必要に応じた個別対応を。

１日の合計の睡眠時間を確認し、日中元気に過ごせているなら睡眠は足りていると考えてよいでしょう。もし、いつも夕方に不機嫌になるなど気になる様子があれば、眠りが浅くなったときに安心して再入眠できるよう担当保育者がそばにつくなど、十分に午睡できる配慮を考えてみましょう。

Q 抱っこしないと寝ない子がいます

A ほかにも気持ちよく眠れるパターンを増やしてみては。

成長とともに子どもの寝入りも変化します。昼間の活動量が増えてくると、スムーズに寝る日も出てきますので、あまり心配しすぎなくてもよいでしょう。例えば歌をうたうなど、抱っこのほかにも気持ちよく入眠できるパターンを増やしていくのもよいですね。

Chapter 2

こころの発達とあそび

こころの成長とともに
あそびや活動をどのように
変化させていくのか。
保育者の関わりについて学びましょう。

日常のなかのすべての体験が
子どものこころを育む

0・1・2歳児は月齢とともに、
ぐんぐんと体が成長して、
日増しにできることが増えていきます。
また、たとえ目には見えなくても、
こころや感情の面でも日々、成長を遂げていきます。

生活のなかで目にしたことや、
経験した出来事を糧にして、
少しずつ、自分なりのこだわりや
意思をもつようになります。
子どもの表情や様子などから
どんな感情を抱いているのかを想像しながら、

その思いに寄り添い、受け止めるようにしましょう。
健やかな感情の発達のためには
生理的欲求が満たされていること、
その時々の子どもにあった安全が保障されていること、
保育者との間に信頼関係が結ばれていることが
何よりも大切です。

また成長が進んで自己主張が強くなってくると、
子ども同士、お互いの思いがぶつかる
場面も出てきます。
子どもにとっては涙が出るような経験であっても
必ずしもネガティブ（マイナス）な経験とは言えません。
その経験を心の成長につなげるためには
そばにいる保育者がどう関わるかが
とても重要です。

「この人といると安心」基本となる信頼関係を築く

こころの結びつきが成長の土台になる

子どもが安定して過ごすための基礎になるのが「愛着」です。これは子どもが「この人といると安心できる」と感じられるような関係のことです。

子ども一人ひとりのさまざまな表現に、特定の保育者が温かく応え、そのやりとりを積み重ねていくことで愛着関係が築かれていきます。保育者を信頼し、保育者が子どもにとっての安全基地になると、子どもは安心して行動範囲を広げていきます。のびのびと自分の気持ちを表現したり、自信をもって行動をする土台が育まれます。このように人との愛着関係が安定していると、子どもは心地よく過ごす時間が増えます。子どもが成長するうえで、人との関わりの基本となる「愛着の形成」について、基本的な姿勢や関わり方を改めて学びましょう。

子どもにとって大切な安心感の輪

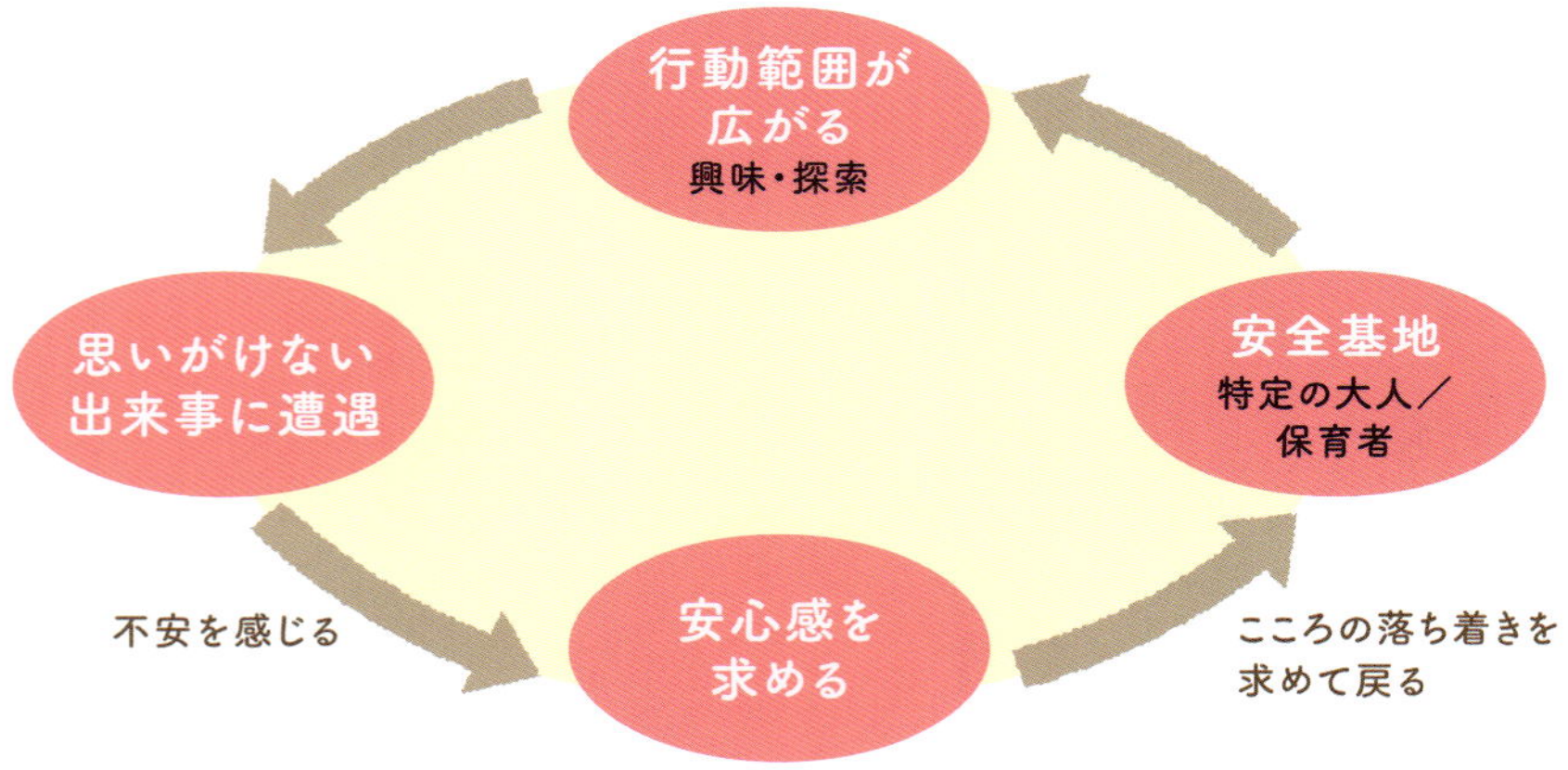

図参考／Web page:Circleofsecurity.org©2000 Cooper,Hoffman,Marvin & Powell

心がけるポイント!

1 個人として尊重する

どんなに小さくても、子どもは関わる人の声や表情などを敏感に感じ取ります。おむつを替えるときなど、子どもに関わるときには必ず声をかけましょう。保育者が子どもの気持ちに寄り添って接すると、子どもは自分が大切にされている実感をもつことができます。

2 生理的欲求を満たす

大人や園のペースではなく、食事や睡眠、排泄など、子どもの生理的な欲求に合わせて保育者が環境を整えていきます。不快感をタイムリーに受け止められることは、子どもが安心して過ごすことにつながります。

3 ありのままを受け止める

子どもが不安や緊張を感じているときや、泣いたり抱っこを求めたりしたときには、十分に受け止める姿勢が大切です。楽しさやうれしさを感じているときにも共感しましょう。

実践!!

愛着関係がもたらす影響

愛着が形成され、
この人といると安心できるという関係性が築けると、
子どもの発達にどんな影響があるのでしょうか。

安心して行動範囲を広げられる

この時期の子どもには初めての出来事がたくさんありますが、安心できる人がそばにいたり、振り返ると必ず見守ってくれている人がいると、次第に好奇心のままに行動範囲を広げることができます。必ず戻れる、こころの安心・安全なつながりが、未知へと歩き出すベースになります。

自己肯定感が育まれる

「面白いことはもっとやりたい」「嫌なことは嫌」といった、ありのままの自分を受け止められて育つと、子どもに「自分は自分のままでいていい」という自信や自己肯定感が育まれます。これは、その子が自分らしい個性を発揮して生きていく土台になります。

他人の個性も尊重できるようになる

保育者が子どもの要求に対して個々に応じた対応を続けると、子ども自身が、人には違う意見や感じ方があることを感じ取っていきます。大人が子どもを評価したり否定したりする環境では、大人の様子をうかがって思いを表現できなくなる場合も。保育者は自分の言動が子どもに及ぼす影響について責任をもつことが大切です。

「ほめる」「叱る」が心に響く

ほめたり叱ったりすることは、愛着関係を築いている保育者のことばが最も子どもに響きます。そのようなやりとりは子どものこころの成長につながります。

人を信頼し、信頼される姿勢を学ぶ

愛着関係は人を信じることでもあり人間関係の基礎になります。人に甘え、しっかり受け止められた経験があると、人を信頼し、自分も人の信頼に応えようとします。このように人を信じる気持ちが育つと、人に対して興味が生まれ、相手のことを知りたい、わかりたいという気持ちをもつようになります。

愛着関係を築くための視点

愛着を形成する前提として、子どもの状態を正確に把握し、
本人の気持ちに寄り添った関わりをする必要があります。

情報の把握

子どもの周りの状況

同じ物事に対して子どもによって受け止め方が違うのは、個性のほかに、その子の経験による違いもあります。きょうだいの有無や、祖父母と同居しているかどうかなど、子どもを理解しようとするときには子どもを取りまく家庭環境なども含めて考えましょう。

健康状態

0～2歳はまだ自分の体調をことばで伝えられないので、家庭と丁寧にやりとりをし、健康状態を把握して体調に合った関わりをすることが大切です。そのことが、子どもの安心・安全につながります。家庭で過ごしている、園にいない時間も含めて、睡眠、食事、排泄の様子は毎日の送迎時や連絡帳をとおして確認をしましょう。

子どもへの対応

子どもの生活リズムを見とおす

個々の生活リズムを把握し、見とおしをもって保育にあたります。子どものリズムよりも園が決めた予定を優先すると、子どもは不快感が強くなり、気持ちよく過ごすことができません。「今日はいつもより早く起きて登園しているので、早めに食事と午睡をしたほうがよさそうです」など、ほかの保育者とも連携し、その子の心地よいリズムで過ごせるように工夫します。

表情やしぐさからも気持ちを理解する

0～2歳の子どもをよく見ていると、何かに気づいたときの目線や、大きな音がしたときの表情などから、その子の興味や感じ方がわかります。保育者の思い込みではなく、それぞれの気持ちに丁寧に寄り添うことで子どもは安心して自分を表現していきます。

安心・安全を伝える関わりを

子どもが不安なときや悲しいときに「大丈夫、先生がそばにいるからね」「何かあったら先生が守るからね」と、常に見守っていることや大切に思っていることを伝えましょう。子どもは、保育者が自分に向ける眼差しや触れる手でそれを実感し、その人を信頼するようになります。保育者が否定的な感情をもって関わっていると、それが伝わり、不安感を抱かせてしまうことにも。

こんなときどうする!? Q&A

Q 子どもが嫌がって逃げるのは愛着関係が結べていないの？

A 決めつけるのではなく、逃げる理由を考えましょう。

子どもの行動には必ず理由があるので、まずはその理由を推察しましょう。また子どもの気持ちはいつも同じではないため、保育者は「私のことが苦手なんだ」と決めつけたり、よくあることと放っておいたりせず、何がしたかったのか、また、何を伝えようとしているのか、子どもの気持ちを理解しようとする姿勢が大切です。

Q 嫌がる子におむつ替えをするときに、さっと連れていって替えてもいいの？

A 必ず声をかけて、本人の了解を得てから替えましょう

子どもが嫌だと言っているのに急に連れていったり、突然抱き上げたりするのは避けなければなりません。驚きと不快で嫌な気持ちになるだけでなく「自分は尊重されていない」という思いも抱きます。まず声をかけ、嫌がるようなら見とおしをもてることばをかけて、少し時間をおいてから誘います。

Q 抱っこしていた子をおろすタイミングは？

A 自分からおりたいという気持ちになるまで待ちます。

抱っこに限らず、子どもは自分で周りを見て、やりたいと思ったときに自分から踏み出していきます。保育者の価値観でそのときを決めないほうがよいでしょう。保育者から「行っておいで」と子どもの背中を押すのではなく、子どもが自ら一歩踏み出そうとするときに「行ってらっしゃい、見ているからね」と送り出す姿勢でいることが大切です。

Q 担当保育者とそれ以外でほめる／叱るの役割分担は必要？

A その必要はありません。状況次第で適切な関わりを。

担当保育者が常に担当の子どものそばにいるわけではありません。担当保育者でなくても、子どもの気持ちに寄り添い、保育者として、人として、その時々で必要なことばをかけていくことが大切です。

あそび・活動

子どもの思いと興味に寄り添い あそびを豊かに広げていく

子どもにとって あそびと生活に区別はない

子どもはあそびをとおして、こころや体を使い、自分の世界を少しずつ広げ、人とのやりとりを学びながら成長していきます。ここでいう子どもにとっての「あそび」は、大人が考える「ボールあそび」「人形あそび」などとは少し違っています。例えば、**大人は食事や着替えなどの生活行為をあそびとは区別して考えますが、子どもにとっては、その間に境界線はありません**。つまり、「今は着替えの時間だから、あそばないでね」といった声かけは、子どもに対して適切ではありません。

子どもが日常のなかで出会う新たな発見や気づきはすべてがあそびにつながっていて、そのなかで出会ったさまざまな発見や経験が、その子の世界を広げる糧になります。一人ひとりの子どもに寄り添い、そのあそびを支えることは、保育者のきわめて大切な役割です。

子どもの興味・関心を 見過ごさず、ともに味わう

大人には当たり前のことでも、子どもの目からすれば、すべてが新鮮な体験です。子どもが何かに興味や関心を抱いていたら、保育者はその思いを受け止めて**「すごい、面白いね！」**などと、共感する姿勢を示すことが大切です。そうすることで、子どもにとってその体験がさらに意味のあるものになります。

子どもが関心を向ける対象は、発達の度合いや個性によって千差万別なうえ、成長するに従い、その幅も広がります。友だちとコミュニケーションができるようになると、一緒に新しいあそびを見つける楽しさも生まれてきます。

保育者は、それぞれの子どもの「面白い」という気持ちをキャッチできるように常にアンテナの感度を上げておくとともに、子どもの発達や好奇心に合った環境を整えることを心がけましょう。

心がけるポイント！

1 発達や個性に合わせたあそび

心身の発達に従って、子どものあそびは変化します。また、同程度の発達の子どもでも、個性の違いであそびの好みは異なります。

2 皆が満足してあそべる環境を

体を大きく動かしてあそびたい子と、じっくり落ち着いてあそびたい子、両者が安心して十分にあそべる環境づくりが大切です。

3 子どもの興味の邪魔をしない

子どもが何かに興味を抱いているとき、「危ない」「やめたほうがいい」といった安易な声かけは、その気持ちをしぼませてしまいます。

あそび・活動で大切にしたい視点

子どもにとって豊かなあそびを実現するために、
保育者は以下のような視点を大切にしましょう。

1 生活のなかのすべての活動があそびにつながる

あそびと生活を分けて考えることはできません。生活のなかのあらゆる場面に、子どもの興味を刺激する発見があり、その発見が新しいあそびに発展します。

2 子どもの好奇心に寄り添い一緒に楽しむ

子どもには、目にするものすべてが新しい発見の連続です。保育者が、子どもが発見した「面白い」という気持ちに寄り添い、「本当だ、面白いね！」と共感することで、子どもの個性と探究心が育まれます。

3 子どもの興味・関心を広げるための環境づくり

子どもが面白いと思えることと出会える環境づくりが大切です。保育者は、発達に合ったそれぞれの目線になって、「ちょっと頑張ればできること」をさりげなく提案することを心がけましょう。

あそびには2つの種類がある

子どものあそびは、保育者に提案されて行う受動的なあそびと、自分で、または仲間と一緒に発見する自発的なあそびの2種類に分けられます。

保育者が提案するあそび

子どもの表現力の幅を広げるために、保育者側が具体的に提案するあそび（例：お絵かきや製作、リズムあそびなど）

自分で発見して選ぶあそび

子どもが自ら環境などにはたらきかけて、興味や関心を追究することで生まれるあそび（例：アリの行進を追いかける）。

自由なあそび 実践ルポ

チェーンを通すだけでも、あそびの要素がいっぱい。いろいろ試しながら、手指の動きも促されます。

手作りのクリアポケットに布を入れたおもちゃ。出したり引っ張ったり。さまざまな色や素材を用意。

Point 1 目にするものすべてがあそびにつながる

大人にとっては、ただのチェーンやプラスチックケースに見えても、子どもにとっては魅力的なおもちゃになります。輪通しになったり、振って楽しんだり……あそびのきっかけは、常に周りにあります。

Point 2 好奇心・むずかしいことが手指・体の発達を促す

乳児期のあそびにおいては、「これは何だろう？」「やってみたい」という気持ちが、成長を促します。少しだけ離れたところにあるおもちゃに手を伸ばす、のぼってみようとするなど、子どもの動きを引き出す環境づくりを工夫しましょう。

色水を入れたボトルに興味をひかれて、はいはいをする子。

すべり台に繰り返し駆け上がります。

少しだけ高いところにあるおもちゃが気になり、つかまり立ち。

Point 3 発達に応じたおもちゃを提供

0～2歳は、日々できることが増えてくるため、おもちゃの見直しは定期的に行いましょう。簡単すぎてもつまらないので、その子にとって挑戦してみたいと思えるような少し難しいあそびを提案しましょう。

プラスチックの水筒に、ペットボトルのふたを布でくるんだものを入れた手作りおもちゃ。ころがしたり、振って音を立てたり、あそびは自由自在。

綿をつめたおいも。ボタンをつけたりはずしたりする手指の動きを促す。

人形の横に器に入れたチェーンを置き、ごはんに見立てておままごとがスタート。

Point 4 あそび込める環境づくりを

大きな動きであそぶ子もいれば、じっくりとあそびたい子も。お互いが邪魔し合わないような空間づくりの工夫を。

時には狭いところであそびが広がることも。
落ち着くためのスペースとしても活用。

本棚を仕切りとして活用した絵本コーナー。

独立してあそび込めるおままごとコーナー。

周囲と離れてひとりでじっくりと絵本を読める場所に。

散歩 実践ルポ

Point 1 出かける前に集中・切り替えを

出かける前には子どもたちに声をかけ、保育者からの呼びかけに気持ちを向けて、出発します。そうすることが、安全にもつながります。

＼いってきまーす／

出かける前にみんなで手を合わせて。このときに、保育者が「これから出かける先のこと」「安全などを含めた約束」を伝えることで、子どもたちも見とおしをもちながら、落ち着いて行動できます。

Point 2 子どものその日そのときの気持ちに寄り添う

あくまで安全を確保しながら、その日出かけた先で子どもが興味をもったこと、やってみたいことを汲み取るようにしましょう。思いがけないあそびに発展するのも散歩の醍醐味です。

広い場所でころがるだけでも楽しいあそびに。

この日、ひとりの子をきっかけに始まった石ひろい。排水溝にひろった石が落ち、思いがけない音に出会いました。

Point 3

季節・自然を感じる

散歩の時間を、自然に触れて四季を感じられる機会に。普段から散歩で向かう先の様子を把握しておくと、「どんぐりひろいがそろそろできそう」など見とおしがもてます。一方で虫を見つける、花が咲いているのに気づく、など思いがけない発見を保育者自身が楽しむことで、子どもたちにも自然や季節を感じる喜びが伝わります。

黄色く色づいた葉っぱをひろい上げて秋を感じます。

葉っぱのかげにいたコガネムシを発見。

この日はどんぐりひろいを。どんぐりで「どっちの手に入っているか？」とあてっこをするなど、あそびの輪が広がりました。

葉っぱの形に心を惹かれて手を伸ばす子。散歩の道すがらの発見を楽しみます。

移動中の安全を考えて散歩車を活用することも

1歳前後の歩ける月齢の子でも、移動の距離や場所によっては散歩車を使用します。疲れてくると足元がおぼつかなくなるなど、危ない場合もあります。無理をせず、ゆとりをもつことで、自然など周りの様子にも気持ちが向かい、散歩を楽しむことができます。

さまざまな経験をとおして自分の感情と向き合う

生後6か月頃までに基本的な感情が生まれる

人には生まれて間もない頃から感情があるといわれています。最初は「苦痛」「興味」「満足」といった、原初的な感情だけですが、月齢を重ねるにつれて、徐々に「悲しみ」「嫌悪」「喜び」といった多様な感情が発達して、生後6か月くらいで基本的な感情である喜怒哀楽が出揃うといわれています。※その後、自我の芽生えやことばの獲得とともに、より複雑な感情をもつようになります。

保育者がこころにとめておきたいのは、子どもが経験する感情のほとんどが、子どもの育ちにとって意味があるということです。大人は悲しみや怒りといった感情をネガティブなものとして捉えがちですが、決してそうではありません。保育者は、子どものなかに生まれた感情を否定せずに受け止め、子どものこころの育ちにつながっていくような関わりをすることが大切です。

子どもの思いに寄り添いともにその感情に向き合う

喜びやうれしさなどの感情は、子ども自身にとって受け止めやすい感情です。でもときには、自分の思いどおりにならず、悲しさ、残念さ、怒りなどの感情を抱くこともあります。大人はつい、そのような感情を取り除いてあげたくなりますが、子どものこころの成長にとっては必要な感情の経験です。まださまざまな感情の経験が少ないこの時期の子どもにとっては、安心できる保育者がその思いに共感し寄り添ってくれることで、その感情を受け止め向き合うことができるようになります。

答えを出し急いだり解決することを急いだりせずに、自分の気持ちと向き合うことで、その感情の受け止め方、折り合いのつけ方を学ぶ経験が積み重なっていきます。そしてその経験がやがては自分以外の人の気持ちに共感し寄り添う気持ちを育てていくことになります。

心がけるポイント！

1 感情によし悪しはない

感情をよい・悪いで評価することはできません。子どもにとって、怒りや悲しみといった、一見、ネガティブとされる感情を抱くことも、こころの発達にとって大切なプロセスです。

2 保育者は子どもの感情の代弁者

幼い子どもは、自分のなかで生まれた感情について、それをどう表現すればよいかを知りません。保育者は、表情や態度から、子どもの気持ちを汲み取り、ことばにならない思いを代弁するよう心がけましょう。

3 自我が芽生えてぶつかり合う場面も

自我が芽生えると、子ども同士のぶつかり合いも増えます。怒りなどの激しい感情表現に対して、保育者が穏やかに受け止めて接することで、子どもは、落ち着いて自分の気持ちと向き合うことができます。

※マイケルルイス感情発達モデル Lewis 1993 参照

実践!!

感情を育むための関わり

子どもが多彩な感情を獲得し、それとじょうずに向き合う方法を身につけるためには、次のような関わり方が大切です。

1 子どもの残念な気持ちを成長につなげる

泣く、怒るなどの感情を表現する子どもに対しては、まず、その気持ちを十分に受け止めることが大切です。また、スキンシップを図ったり、気持ちが落ち着いてから気分転換を提案したりしましょう。その積み重ねが、子どもが自分自身の感情と向き合う経験になります。

2 思いどおりにならないことを排除しない

悲しみや怒りなどの感情も子どものこころの成長には必要なことです。保育者が先回りして、そのような感情が生まれそうな状況を避けるような関わりは望ましいものではありません。避けるのではなく、どのように寄り添うかを考えましょう。

例

お気に入りのおもちゃを友だちが使っていたので、取り合いが起きないよう、その子どもの視界を遮って気づかせないようにした。

↓

大人が決めつけて先回りすることで、子どもがいろいろな状況においてさまざまな感情を抱く経験を奪うことになります。

3 子どもの感情をことばで表現する

子どものことばにならない気持ちを丁寧に代弁したり、子どものことばにじっくり耳を傾けたりすることが大切です。それにより、やがては、子ども自身が自分の気持ちをことばで表現することにつながります。

例

「大好きな青いボールがいっぱいでうれしいね」

「知らない人がいると、ドキドキしちゃうんだよね」

「○○ちゃんのお人形がステキだったから、欲しかったのかな」など

けんか

けんかはトラブルではなく こころの成長のきっかけ

思いどおりにならない状況や相手と向き合う

自我が芽生えて自分の思いを表現するようになると、ときにはそれぞれの思いがぶつかり合って、子ども同士でけんかになることがあります。大人はついけんかを避けたり、解決を急いだりしがちですが、子どもにとっては成長の要素がたくさんあるのも、この思いがぶつかり合うときです。

思いがぶつかるなかで、自分の気持ちを伝えようといろいろな方法で表現したり、相手にも思いがあることに気づいたり、さまざまな感情を経験したり、自分では気づかなかった解決方法に出会ったりもしています。

保育者は解決することを急がず、双方の思いに寄り添いながら、それぞれの気持ちを引き出して代弁するような関わりを心がけましょう。信頼できる保育者が寄り添うことで、子どもは安心して目の前の出来事と向き合えるようになります。

思いを表現するさまざまな方法があることを伝える

まだ十分にことばで自分の思いを表現できない月齢の子どもたちは、ときに自分の思いを、叩く、噛む、ひっかく、押すなどの方法で表現することがあります。保育者は子どもがけがをしたり、痛い思いをしたりすることをできる限り防ぐ必要がありますが、そうした子どもの行為をただ止めるだけでは意味がありません。

大切なのは、ことばにならない子どもの思いに寄り添い、それを代弁していくことです。そして、気持ちを表現するにはいろいろな方法があることを丁寧にくり返し伝えていくことです。

表現方法が広がってくることで、叩いたり、押したりするような行為は必ず減っていきます。保育者は、できるだけ子どもの気持ちに寄り添えるように、日頃から子どもの様子を丁寧に観て、一人ひとりに対しての理解を深めていくことが何よりも大切です。

心がけるポイント！

1 危険がある場合以外は手を出さない

子どもの間に感情のぶつかり合いが起きそうな状況でも、明らかに危険性がある場合でなければ、あらかじめ大人が介入する必要はありません。

2 答えを出し急がない

子どもは、お互いの気持ちがぶつかり合う経験を通じて、相手にも別の思いがあることと、それとどう向き合うかを経験します。大人の物差しで性急に答えを出す必要はありません。

3 表現を広げていく

気持ちがぶつかり合っているときに保育者がどんなことばをかけるかで、子どもの向き合い方、表現方法の広がりが変わります。経験を積み重ねていくなかで、子どもが豊かな表現を身につけられるような関わりを考えていきましょう。

実践!!

子どものけんかへの対応

子ども同士の間でけんかやトラブルが生じた場合、保育者は両方の子どもの気持ちに寄り添って対応することが大切です。

「痛い思いをしそうな子を守る」が原則

もしも、目の前でものを投げたり、相手を叩いたりする状況が起きそうな場合は、痛い思いをしそうな子を守ることが原則です。そのうえで、投げたり叩いたりしようとしている子の思いにも否定せずに寄り添いましょう。

どちらの子どもの気持ちも否定しない

子どものけんかは、お互いが自分の思いを表現した結果、それがぶつかり合って生じるケースがほとんどです。それぞれの子どもの気持ちに共感しながら、その感情や思いどおりにならない状況に対してどうすればよかったかを、一緒に考える姿勢をもちましょう。

くり返し起きる場合は原因を探して対策を

午睡の前後や、活動を切り替える場面でけんかが起きやすくなることがあります。特定の状況や同じ子ども同士でけんかがくり返し起きる場合は、疲れや眠気など、何かけんかを誘発する要因がないかを検討したうえで、保育者の配置や環境などを見直すことも必要です。

かみついたりひっかいたりしてしまう子どもには

「かんではだめ」「ひっかいてはだめ」と否定的に伝えるのではなく、なぜその行為をしたのか子どもの気持ちを理解することが大切です。そのうえで、「パックンすると○○くんが痛いから今度は、“それはイヤ”ってお話ししてみようか」などと、別の表現手段があることを示すとよいでしょう。

けんかが起きた際の保護者への報告

けんかがあった際、特に、かみついたりひっかいたりして傷あとが残ってしまった場合は必ず双方の保護者に、連絡帳およびお迎え時に口頭でお詫びし、状況を報告します。相手を傷つけた側の子の保護者に対しては、本人なりの理由があったことを丁寧に説明し、子どもを否定的に捉えないように配慮しましょう。

こんなとき どうする!? Q&A

Q 友だちを傷つけてしまった場合、保護者にどう伝えればよいのでしょうか？

A 止められなかったことをお詫びし、子どもの側に立った解説を！

けんかで相手にけがをさせてしまった側の保護者は大きなショックを受けることがほとんどです。まずは、止められなかったことをお詫びしましょう。同じことが度重なることで、保護者がわが子を否定的に捉えないよう、状況やそのときの子どもの様子や気持ち、どんな関わりをしたかなどを丁寧に伝えます。表現方法が広がり、ことばでのやりとりが増えてくることで、ひっかくなどの行為が見られなくなるといった成長の見とおしも伝えながら、保護者の気持ちに寄り添うことが大切です。

Q けんかが起きやすい場所や状況はありますか？

A 活動を切り替えるタイミングには要注意です。

活動の切り替えのタイミングでは、下駄箱や水道など、子どもが一か所に集中したり、お腹が空いている、眠いなどの生理的不快感がある場合が多々あります。一斉に行動することを避け、子どもの様子を見ながら、少しずつタイミングをずらしたり、保育者の配置を考えたりして、スペースや時間にゆとりをもてるように配慮することを心がけましょう。

Q 子ども同士のトラブルで保育者が答えを出すのはよくないの？

A 双方の子どもの表現できない思いを代弁しましょう。

大人が勝手に結論を決めず、両方の気持ちを聞いて、保育者は子ども同士をつなぐ役になりましょう。思いどおりにならない経験や、意見が違う相手と出会うことには、子どもにとって成長の要素が含まれているので、トラブルを回避するのではなく、思いどおりにならない経験をどう次につなげるかを考えながら関わります。

Q どんなけんかでもすべて肯定するべきですか？

A 思いや主張がない場合は見守らず止めることも必要

なんとなく気持ちがイラついている、お腹が空いている、眠いなどの生理的不快感から気持ちがぶつかることもあります。時にはそういう場合もありますが、思いや主張がないぶつかり合いは、不快な思いが残るだけになってしまいます。イライラした気持ちを受け止める、生理的な不快感を解消するなどして回避したほうがよい場合もあります。

Chapter 3

健康と安全

乳児保育で最も大切な
健康と「安心・安全」な環境。
保育者として必ず知っておきたいことを
わかりやすくお伝えします。

一人ひとりを丁寧に把握し、重大事故を未然に防ぐ

幼い子どもは、自身の健康や身の安全を自分で守ることができません。また、日々成長して行動範囲が広がり、できることが増えていくため、想定される危険の内容も日々変化していきます。

そこで、一人ひとりの子どもの発達を的確に把握し、できるだけ危険が及ばないよう、安全な環境を整えることが保育者の大事な役割です。子どもの行動は大人の想像を超えることが多々あります。

保育には「絶対安全」はないということを
心得ておくことが必要です。

また、日々の経験のなかで、
子ども自身が気をつけることを
学ぶことも大切です。
先回りして危険を取り除くだけでなく、
子どものそばで保育者が、
何が危ないか、なぜ危ないのか、
身を守るにはどうしたらいいかなどを
伝えていくことが大切です。
どんな場面で危険が生じるのかは、
子どもの発達だけでなく、
個性によっても違います。
まずは、一人ひとりの発達や個性を
しっかりと把握することが大切です。

感染症

体調の変化にいち早く気づくために いつもの子どもの状態を把握しておく

いつもの状態を把握して、早めの対応を心がける

0・1・2歳児の感染症対策で大切なことは、子どもの小さな体調の変化に気づき、早めの対処を行うことです。

まだ**免疫力が弱く体の機能が未熟なため、症状が重症化したり、急変したりする可能性**があるからです。この時期の子どもは自らの体調をことばで伝えられないため、そばにいる保育者が**「いつもの様子」を把握し、「いつもとは違う」ことに気づくことが早めの対処につながり**ます。そのために、一人ひとりの子どもの日頃の**表情、機嫌、熱、食欲、便の様子、皮膚の様子**などを丁寧に把握することを心がけましょう。また、家庭と連携し、家庭での様子、園での様子を伝え合い、共有することも体調の変化に気づくためにはとても重要です。

気をつけていても、子どもは成長の過程で必ず何らかの感染症には罹患《りかん》します。その時の対応や、園の考え方を保護者と共有しておくことも大切です。

園として感染拡大を防ぐ対応をする

園の役割として、感染拡大を防ぐ対応をすることも必要です。おもちゃの消毒など日々行う衛生管理はもとより、日頃から感染症の特徴や感染経路、対処法についての知識を身につけ、適切な対応をとることができるよう、園内で共有しておきましょう。感染症に関する情報は更新されるので、常に最新のものを得ることが大切です。また、予防や園での対応の方法などを**保護者に伝えたり**、園内での**感染症の罹患状況を適切に公開**することは、感染予防や感染拡大を防ぐことにつながります。

同時に、子どもだけでなく、常に子どもに関わる保育者自身の体調管理も大切です。普段から手洗い・うがいをこまめに行い、栄養や睡眠を十分にとることを心がけましょう。

心がけるポイント！

1 子どもへの水分補給をこまめに

発熱や嘔吐、下痢などで水分が失われていることが多いので、脱水症に注意が必要です。少しずつこまめに水分補給をします。

2 必ずその都度手を洗いましょう

ウイルスを含む便や鼻水などを触った保育者の手を介して、感染を広げないように注意します。

3 汚物処理セットは取り出しやすく

処理に必要な使い捨て手袋やマスク、拭き取り用の布や紙はセットにして、保育室の何か所かに置き、必要なときにすぐに取り出せるようにします。

実践!!

体調不良時の基本対応

症状に合わせた適切な対応をとることで、症状を緩和できるだけでなく、その後の感染拡大のリスクが減ります。

咳

痰が絡むような咳のときは、水分をとると痰が切れて楽になることがあります。また、咳が出て苦しそうなら縦抱きにして背中をさするなど、呼吸しやすい体勢にしましょう。

鼻水

鼻水を拭くときは必ず子どもに声をかけ、手で後頭部を支えて拭きます。鼻水が固まっている場合は、お湯で湿らせた脱脂綿などで拭くときれいにとれ、子どもも気持ちよいかもしれません。鼻詰まりのときは横になると苦しいこともあるので縦抱きにしたり、昼寝の際には布団の下にタオルを入れるなど、上体を少し起こす姿勢にすると楽になります。

発熱

機嫌や咳、鼻水などを確認し、普段どおりなら一時的に体に熱がこもっている可能性が。水分をとる、薄着にする、空調を確認するなどして様子を見ます。元気がなければ静かな場所でゆっくり過ごせるよう配慮を。手足が冷たければ温め、逆に熱いときは本人が気持ちよくなるようなら額や脇の下を冷やすなどの対応を。熱が急に上がると子どもによっては熱性けいれんを起こすこともあるので、必ず保育者がそばにつきましょう。

嘔吐・下痢

1 換気・保育者の身じたく

嘔吐の場合は①布や紙で嘔吐物を覆い、②窓を開けて換気し、③処理を担当する人以外を遠ざけます。④処理する保育者はビニールエプロン、ゴーグル、マスク、手袋、使い捨てシューズカバーをします（②～④は下痢の場合も同様）。

2 うんち・嘔吐物と床の処理

下痢の場合は必ずおしりの下におむつ替えシートを敷いておむつを取り替え、おしりの広範囲にうんちがついている場合はシャワーで流します。嘔吐物は使い捨ての布や紙で、外側から内側に静かに拭き取り、嘔吐物が付着した床や、おむつ台は次亜塩素酸ナトリウム0.1%消毒液で拭きます。

3 おむつなどの処理・着替え

おむつやおしり拭き、処理に使った布や紙はすべてビニール袋に入れて屋外へ。シャワーをしたシンクなども次亜塩素酸ナトリウム0.1%消毒液で消毒を。処理をした保育者は着替えをしましょう。

4 子どもの様子を見る

嘔吐や下痢をくり返すようなら別室で安静にして過ごし、保護者へ連絡をしましょう。水分はスプーン1杯程度から与えます。

感染症予防のためにできること

ウイルスなどへの感染を予防するためには、
日頃から衛生的な環境を保つための努力が欠かせません。

加湿をする

室内湿度は60%に保つように調整します。鼻や喉の粘膜を乾燥から守ることで感染症予防になります。

換気をする

30分に1回、5分程度の換気を行います。2方向の窓を開け空気の流れをつくって入れ替えをします。

ゴミ箱は ふた付きに

鼻水をかんだあとのゴミは、乾燥するとウイルスが浮遊します。それを防ぐためにふた付きのゴミ箱を使用します。

大人が持ち込まない配慮

周囲の大人自身が手洗いやうがいを徹底し、感染症が流行している時期は人混みを避け、栄養や休養をとるなどの体調管理をすることが、子どもの感染症予防にもつながります。

おもちゃを洗う・消毒する

いろいろなものを口に入れて認識している発達段階のため、おもちゃは洗えるものは毎日洗い、それ以外のものはアルコールで拭いたり天日に干したりします。

Check!

次亜塩素酸ナトリウム液の準備を

次亜塩素酸ナトリウムは、商品によって塩素濃度が異なるうえ、消毒対象によって希釈倍率が変わります。水を目盛りまで入れ、次亜塩素酸ナトリウムをキャップ1杯入れればすぐに適切な濃度になるように用途別にバケツにシールで目盛りを付けておくと便利です。

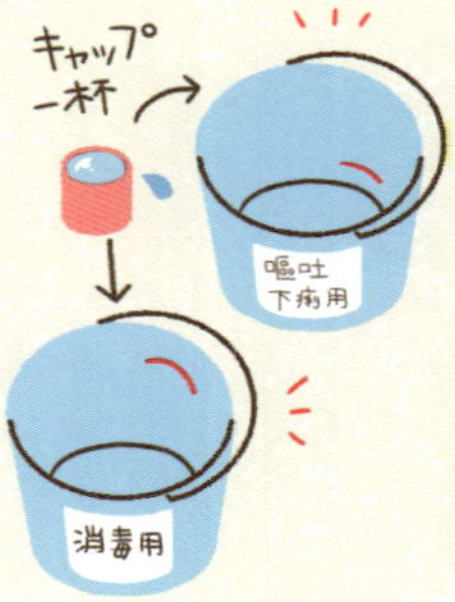

保護者への対応のポイント

信頼関係を築く

子どもの健康を守るためには、保護者と一緒に体調を把握し、共通認識をもつことが欠かせません。まずは園側から子どもの様子をこまめに伝えていくことが、些細なことでも伝え合える関係づくりにつながります。保護者から聞き出せる情報が増えると、子どもへのより適切な対応ができるようになります。

病時の園の配慮を伝える

園で体調が悪くなったときの保護者への連絡方法や、お迎えの時間までの過ごし方など、体調不良時の園での対応について、あらかじめ伝えておくことが保護者の安心にもつながります。また、園での感染状況を保護者に伝える場合は、慎重かつ丁寧に行いましょう。

衣類やリネンが汚れたときの対応

嘔吐・下痢で衣類やリネンが汚れたときは、園内での感染拡大防止のため、基本的に家庭で処理をしてもらいます。
汚れた衣類の持ち帰りの仕方や、園で薬剤消毒をした場合の衣類の色落ちなどについては、トラブルにならないよう事前の説明が大切です。

こんなときどうする!? Q&A

Q 嘔吐・下痢の後注意することはありますか？

A 脱水に注意しつつ、食事などを調整しましょう。

くり返す可能性があるので、水分摂取は少しずつ慎重にします。また、園での食事内容、量なども様子を見ながら、体に負担がかからないよう調整します。

Q 解熱後すぐの登園は少し不安ですが、保護者に伝えられません

A 「子どもにとって何が最善か」という意識の共有を。

病後は体力を消耗しているので、症状がおさまってから大事をとって１日休ませたほうが子どもにとって負担が少ないことを普段から保護者と共有しておくとよいでしょう。休むことが難しい状況の家庭も多くあると思いますが、まずは、“子どもにとって何がよいか”の視点で保護者とやりとりすることを心がけましょう。感染症のなかには感染拡大防止のために、罹患したら出席停止期間があるものもあります。再登園には登園許可証が必要な場合があるので、保護者に必ずそのことを伝えましょう。

Q 子どもにより平熱にばらつきがありますが……

A 検温は同じ条件下で行うとよいでしょう。

0・1・2歳のうちは体温調節機能が未熟なので、環境などの影響で体温が変化しやすい傾向があります。その子の平熱と体温調節の傾向を把握するために、毎日同じ条件（時間・体温計の種類）で検温し記録していると、体調の変化を捉えやすくなります。

Q 体調不良のときの様子を園と家庭で共有する方法はありますか？

A 体調の変化を把握するために表にして記録しましょう。

体調不良の際は時間の経過と体温の変化が客観的に見られるように、表（グラフ）で記録することをおすすめします。体温や症状の推移がすぐにわかります。今はフォーマットをインターネットでダウンロードすることもできます。また、便の状態などは写真を撮っておくと受診の際に役立ちます。

Q 体温が何度になったらお迎えですか？　と聞かれます

A 熱以外にも、子どもの様子で判断し、早めの対応を。

発熱した際は保護者へお迎えの連絡をすることが多いと思いますが、体調不良は発熱だけではありません。食欲がない、下痢が続いている、だるそうにしているといった全体症状を見て判断し、保護者へ連絡するなど、早め早めに対応することが大切です。

安全の配慮

子どもの発達や個性まで考慮に入れて想定されるリスクを検討する

発達と、個性・興味によって安全への配慮の仕方は変わる

0・1・2歳児は成長が著しく、昨日まではできなかったことが、今日はできるようになるということが日常的に見られます。そうすると、**今までの子どもの姿なら安全だった環境が、急に危険な場所やモノに変わることがあります**。寝返り、はいはい、つかまり立ち、高いところにも手が届くようになったなどの発達の様子と、それにともなう危険について頭に入れ、環境の点検と、成長に合わせた見直しをしていきましょう。

また、同じような発達段階でも、個性や興味によって子どもの行動は異なります。例えば段差のある場所でもそのまま歩く子、慎重にしゃがんで高さを確認し、後ろ向きで下りる子などさまざまです。**発達と個性の両方の視点から危険に対する見とおし**をもつようにしましょう。

自分で身を守れるように子どもの行動を見守る視点も

安全面を考えるときに注意したいのは、危険を先回りしてすべて排除するのが子どもにとってよいとは限らないということです。もちろんけがや事故につながる危険はあってはならないことですが、子どもが興味をもったことに対して、やる前からこれは危ない、まだ早いと行動を制限していくと、子ども自身が危ないことに気がつき、注意する機会を奪うことになります。

これから行動範囲が広がっていくときに必要な、危険を察知する力や、自分の身を守るための判断力や身のこなしを養うためにも、保育者は子どもの好奇心や新しい経験を保障しながら行動を見守り、寄り添っていきましょう。また保護者とも、家庭や園でできるようになったこと、ヒヤリとした場面を伝え合い、注意するポイントを共有していきましょう。

心がけるポイント！

1 日常的な保育環境の点検・整備

家具の配置や段差、死角になる場所などの確認、玩具や固定遊具の安全点検を定期的に行います。破損しているものや、危険を感じたところは職員間で共有し、すぐ対応しましょう。

2 子どもの発達や個性への理解

月齢に加え、その子の個性や発達の様子を踏まえ、行動を予測しながら見守ります。予測していたかどうかで、いざというときに防げる事故やけがの程度が変わります。

3 職員間の連携

保育中にドキッとしたことを伝え合い、子どもへの理解を深める習慣を。ヒヤリハット記録なども共有して危機管理意識を高め、緊急時の対応や体制の確認も定期的に行いましょう。

実践!! シーン別 安全の基本

0・1・2歳児で多いヒヤリハットの場面について、対応の仕方を紹介します。

室内あそび

おもちゃの誤飲

おもちゃの大きさだけでなく、紙やコルク、ビニールなど歯でかじりとれる素材にも注意。また、口の中に入れても口内を傷つける形状ではないか、舐めても色落ちしないか、洗ったり拭いたりして清潔が保てるかなども確認を。鼻や耳に入れる、貼ってあるシールをはがして口に入れるなども想定して環境づくりをします。

子ども同士や家具との衝突

家具は角のないものを使用し、角があれば緩衝材をつけます。床に敷いたマットがよれたり、滑りやすくないかなども確認を。また、子どもの動線を考えて環境を整え、子ども同士がぶつかりそうな場合は、保育者のいる位置を工夫するといった配慮も必要です。

転倒

つかまり立ちをするようになったら不安定で動きやすいものは室内に置かないように徹底を。歩行が安定しない時期は段差に注意し、そばで見守ります。

午睡

睡眠時の事故

基本は仰向け寝にします。保育者がつき、0歳時は5分に1回、1・2歳児は10分に1回、全員の呼吸状態や体勢、顔色などを確認。保育者交代時には、授乳後にゲップが出ていない、鼻づまりがある、泣きながら入眠したなど留意点を引き継ぎます。スタイは外す。寝ている周りやベッドの柵にタオルやおもちゃなどを置かないようにし、タオルやシーツはしわができないよう折り込みます。

外あそび・散歩

遊具によるけがや衝突

パーツの緩《ゆる》みや劣化具合の確認、木製のおもちゃのささくれをやすりがけするなど、日々のメンテナンスが大切。園庭では、あそぶ人数が増えると衝突の危険が増えるので、時間差にする、エリアを分けるなど工夫を。

土や砂の誤食

土や砂、石、虫などに触れているときは、誤食の可能性を考えて必ずそばで見守る。濡らしたおしぼりなどを携帯し、すぐに口や手を拭けるようにする工夫も。

ベビーカーや散歩車からの転落

子どもが乗っているときは絶対に目を離さない。乗せるとき、下ろすときは必ずストッパーをかけ、目を配り注意しましょう。

食事・おやつ

食物アレルギー、誤嚥、窒息

落ち着いて食べられる人数や環境を工夫する。子どもの発達や食べ方の特徴を把握して、硬さ、ひとくちの量や形に配慮し、小さな食べ物を鼻や耳に入れることにも注意。食物アレルギー児の対応は必ず職員間で共有し、徹底を。

食具による事故

スプーンやフォークを持ったまま立ち歩こうとする子には、理由を伝えて止める。器が陶器の場合は割れることも想定し、手早く処理できるよう片付ける道具をすぐ出せるところに準備しておく。

環境づくりで事故予防をしよう！

事故はさまざまな要因で起こりますが、その多くは事前に環境を整えておくことで防止につなげられます。

＼Check／ 安全確認チェックリスト

保育室

- ☑ **テーブルや椅子の高さや配置は適切ですか？**
  つかまり立ちや歩行ができるようになった月齢では、つかまって立ったり、押したりして転倒する危険性を考え、テーブルや椅子は片付けておきましょう。
- ☑ **紐やゴミなどは落ちていませんか？**
  紐が指に巻き付いたり、ゴミを口に入れたりすることがあるので気をつけましょう。また、ゴミ箱はふた付きを選び、配置にも留意を。
- ☑ **高いところにものがありませんか？**
  高い場所にものを置くのはやめましょう。子どもが手を伸ばして取ろうとしたり、地震の際に落下したりするおそれがあります。
- ☑ **手が届く場所にコンセントはありませんか？**
  コンセントの差し込み口を濡れた手で触ると、感電のおそれがあり危険です。位置を高くしたり、容易に取り外せないコンセントカバーをつけるなど対策を。
- ☑ **窓の近くに登れるものはありませんか？**
  窓付近に踏み台になる箱などを置いておくのは非常に危険です。たとえ腰高窓であっても落下事故につながる可能性があります。
- ☑ **おもちゃは壊れていませんか？**
  外れた部品を誤って口に入れたり、破損部分でけがをしたりしないように、おもちゃの破損にはくれぐれも注意しましょう。

食事中

- ☑ **食材はその子の発達に応じた硬さや大きさですか？**
  食材は子どもの噛む力に合わせて調理する必要があります。大きすぎたり、硬すぎたりすると、喉につまるおそれがあります。
- ☑ **食事と眠い時間が重なっていませんか？**
  眠そうにしている場合、うまく飲み込めず、誤嚥《ごえん》につながったり、食べ物を口内に残したまま眠ってしまう場合もあるため、睡眠を優先させましょう。

睡眠中

- ☑ **体の周りにシーツやタオルがかたまりになっていませんか？**
  顔の近くにあるシーツやタオルが原因で、窒息事故が起きる場合があります。タオル類は置かない、シーツは平らに伸ばすなど配慮しましょう。
- ☑ **子どもが寝ているときも必ずそばで見守っていますか？**
  ガイドライン※に沿って0歳児は5分おき、1・2歳児は10分おきに見守りを。横向きで胸が下についている場合は、仰向けに直します。

※東京都福祉局『保育施設における睡眠中の事故防止及び救急対応策の徹底について』
『教育・保育施設等における事故防止及び事故発生時の対応のためのガイドライン』（こども家庭庁）参考

安全管理で大切にしたい視点

事故が起きないようにする努力に加えて、子ども自身が危険を回避できる力を身につけられるような関わりも大切です。

注意が必要な時期・曜日・時間を知っておきましょう

時期 年度の始まりは、子どもたちも落ち着かず、保育者もまだ子どもの様子がつかめていないので、最も注意が必要。できるだけゆったりと過ごし、子どもの様子を丁寧に見ることを心がけましょう。

曜日 月曜日と金曜日は要注意です。月曜日は週末の家庭での過ごし方が影響するので、休日の生活の様子を把握しましょう。また金曜日は子どもにも保育者にも疲れが出てくるので、より一層注意が必要です。散歩なども無理せず、ゆったり過ごせる工夫をするとよいでしょう。

時間 子どもが眠くなる食後から午睡前と、疲れが出てくる夕方は要注意です。午睡前は子ども同士のトラブルが起こりやすくなり、夕方はお迎えや職員の交代で大人の出入りが増え、落ち着かないことが。保護者対応をするときも、子どもから目が離れないよう、全体を視野に入れながら話すことを心がけましょう。

研修などで、最新情報を得る

職員間で園でのヒヤリハット事例や事故記録を共有することはとても重要です。いざというときの対応について研修を受けたり、けがなどの対処法については定期的にガイドラインを更新して最新情報を得ましょう。

冷静に行動するための工夫

突然の事故やけがに遭遇すると、保育者が冷静に対応するのが難しいことも考えられます。119番通報の際に伝えることを電話近くに掲示しておきましょう。園外活動用のかばんにも入れておくとよいでしょう。同時に、園児の年齢や月齢の表も貼っておくと、電話口でスムーズに情報を伝える手助けになります。

安全を守るには一人ひとりに合った対応を

例えば段差の越え方にも個性があるため、保育者は子どもに合った対応を工夫し、必要なことばがそれぞれに届くように声をかけましょう。

例 段差があったときにどうする？

●高さを確認し、用心深く越える子には

そうだね、高いから
ゴッツンしないように
気をつけてね

★行動を見守り、必要なときに声かけや手助けをします。

●段差を気にせず、歩いて行こうとする子には

前を見てね、ここは
ダンダンがあるよ

★危ないことに気がつける声かけや配慮を。

●段差を見て、越えるのをやめようとする子には

ドキドキするね、
先生と一緒に
“よいしょ”しようか

★大人と一緒に安心しながら経験の幅が広がるように。

やめたほうがいい理由を伝え経験が増えることばかけを

この時期の子どもは、興味を抱いたことに向かって自分で動いたり手を伸ばしたりと行動範囲が広がっていきます。例えば思わず砂を口に入れようとする姿に対して「だめ！」「何してるの！」と禁止のことばで叱るのではなく、「お砂が気になったんだね。お口に入れるとお腹がイタイイタイになるから、やめておこうか」と伝えます。子どもの興味や好奇心を尊重しながら、止める理由をくり返し伝えていくことが大切です。

けがの対応

子どもの安全を最優先に考えて状況に合わせた対応を

確認!! 保育中に子どもがけがをした場合の対応

けが発生

けがが発生した場合は、けがした子を含めて、すべての子どもの安全確保が最優先です。その場にいた保育者だけでは対応しきれない場合は、応援を呼びましょう。※

具合が悪い子どもへの対応も同様に

すぐに園長や主任へ報告

発生直後、または応急処置を実施した後に、けがをした子の名前、けがが発生した時間・場所・状況、応急処置の詳細を園長や主任に知らせます。

保健室で応急処置をして、けがの程度を確認

けがをした子どもを保健室に連れていき、応急処置を行います。外傷や出血がある場合は、傷口を水で洗って患部を滅菌ガーゼなどで覆います。頭を打っている場合は、安静にして寝かせます。

病院での受診が…

必要

保護者へ電話連絡

けがの程度や状況によっては、園長や主任と相談して、保護者へ連絡をします。保護者の到着を待って一緒に病院に行くか、病院で合流するかを相談しましょう。受診の際重要な判断が必要なこともあるため、保護者には立ち合いの依頼を。

病院へ連れていく

保育者同士で引き継ぎを行い、けがした子を病院へ連れていきます。連れていくことが難しい場合は、速やかに救急車を呼びましょう。

医師の指示に従う

病院で診断や治療を受けた後は、医師の指示に従って行動してください。園に戻れるようなら、子どもを連れてかえって、保健室などで安静にして過ごします。

不要

子どもが元気になったら保育室へ戻す

応急処置を終え、子どもの状態が落ち着いていれば、クラスに戻してもかまいません。生活のなかで、いつもと違う様子がないか、注意して観察するようにしましょう。

お迎え時に保護者へ報告

お迎えの際、保護者にけがについて報告をします。「けがの程度と状態」「どのような状況でけがをしたか」「応急処置の内容」「その後の様子」を詳しく伝えましょう。

事故などにより子どもがけがをした場合は、上のようなフローで対応しましょう。また、当日のうちに報告書を作成して職員間で内容を共有し、後日、会議などで再発防止について話し合うことも必要です。

※けが、事故の程度によっては、心肺蘇生・応急処置 119 番通報が最優先になります

事後的な対応について

当日中に行うべき事後的な対応として、保護者への報告と、
報告書の作成があります。

1 保護者への説明報告

お迎えのときに、保護者へ口頭で報告を行います。以下のような内容について、事実のみをできるだけ具体的に説明しましょう。けがの状態によっては、事前に保護者へ電話で知らせたうえで、お迎え時に改めて詳しく報告を行います。

Point

● どのような状況でけがが発生したか

何をしていたときに、どのような状況でけがをしたのか。

● 応急処置の内容

けがの程度や詳細とどのような応急処置をしたのか。

● その後の子どもの様子・機嫌など

けがをした後の子どもの様子、また異常などが見られなかったかどうか。

● けんかが原因の場合は、その内容

子ども同士のけんかが原因で生じたけがの場合は、具体的なきっかけや経緯、相手の保護者への対応について。

2 報告書の作成

たとえ小さなけがであっても、報告書の形で記録を残しておきましょう。報告書をもとに、同様のけがを生じさせないための対策を職員全員で共有し、職員会議などで話し合います。

記録する項目

- 事故などの概要（日時と場所、発生原因、けがの程度など）
- 詳しい状況（保育体制、子どもの様子など）
- 実施した対応（応急処置・保護者への対応）
- 再発を防ぐための方策

大きなけがを防ぐ第一歩はヒヤリハットの共有から

実際にけがにまでは至らなくても、ヒヤリとするような経験をしたら、その内容をほかの職員と共有することが大切です。日頃からヒヤリハットの共有を習慣化しておくことで、重大な事故の予防につながります。

〇〇クラスグループ
アプリなどですぐに情報共有して、後日、会議の議題として取り上げます

防災

子どもが過度な不安を抱かないよう普段と同じトーンで接する

いざというときに落ちついて行動するために

近年、地震や豪雨などによる自然災害が各地で起きています。災害から命を守るためには、日頃の訓練と備えが重要です。

園では防災・避難訓練計画を立て、毎月1回、避難訓練と消火訓練を行うことが義務づけられています。0・1・2歳児の場合は、災害を認識して自発的な行動をとるのは難しいため、子どもに何かをさせるのではなく、**職員の動きの確認が防災訓練の主な目的**です。

保育者は、訓練のなかで災害時にスムーズに行動するための職員間の連携や動きについて練習・確認を行います。災害や子どもの状態を把握して、いざというときにも冷静に判断・行動できるよう、さまざまな状況を想定しましょう。実際には予期せぬ事態が起きることが予想されますが、日々の訓練での経験が、あわてず落ち着いて行動できる力につながります。

命を守るのと同時に、子どものこころも守る

東日本大震災の後に、子どものPTSD（心的外傷後ストレス障害）の報告がありました。災害時のストレスもありますが、子どもは大人の反応や緊急速報の音、テレビの音声などからも怖さを敏感に感じています。

災害時は子どもの命を守りながら、日常の訓練のように行動し、少しでもこころに傷を残さないように配慮することを心がけましょう。訓練のときから、保育者は普段と同じトーンで接し、いつも以上にゆっくり関わることが大切です。**子どもがパニックにならず、落ち着いていることは、スムーズな避難にもつながります。**

入園当初は避難訓練に戸惑う子もいますが、回数を重ねることで落ち着いて動けるようになります。保育者も同様に、自園に合った避難方法やルール、避難道具の扱い方を身につけ、危機管理能力を高めていきましょう。

心がけるポイント！

1 訓練中の子どもの様子を見ておく

訓練中の子どもがどんな様子か、個々の個性を把握します。イレギュラーな状況に動じない子もいれば泣く子もいるため、不安の強い子には保育者がそばにつくなどの対応も、訓練の状況を見て決めます。

2 避難方法を更新していく

発達や成長が著しい時期のため、立位が安定しているか、おんぶができるかなどにより、避難形態が異なります。成長に合わせて避難の仕方を見直しましょう。

3 「普段どおり」の声と態度で

保育者が怖がったり急に声を荒らげたりすると、子どもはその様子に恐怖を感じます。不安や興奮につながらないよう、ことばのかけ方や対応にはいつも以上に注意を払いましょう。

避難訓練で大切にしたい視点

普段から、災害時の対応をマニュアル化しておくとともに、
保護者への引き渡しや災害時に関する情報共有をしておきましょう。

他人まかせにしない！

その場でリーダーを決める練習を

災害はいつどんな状況で起こるかわかりません。あえて前もってリーダーを設定せず、その場にいる職員のなかで、即座に誰かが手を挙げ、全体を主導するという練習をしましょう。職員がバラバラに動くとスムーズに避難できなくなるため、瞬間的に指示系統ができることを目指します。

伝達を漏らさない！

人数確認のルールを決めておく

お休みの子のほかに、子どもが隣の保育室にあそびに行っていて、いつもの部屋にいない場合もあります。人数確認の際に「0歳児全員いますか？」「います」という伝え方だと、人数を聞きそびれてしまいます。「つくし組5名、本日1名欠席、4名全員います。たんぽぽ組の◯◯くんも一緒に避難します」というように、確実な伝達ルールを決めておくとよいでしょう。

やりっぱなしはNG！

避難訓練は振り返りが大事

訓練の記録には所要時間などのほかに、よかった点や反省点、見直す点、感想も記入すると、次への課題が見えやすくなります。また保育者の誰がどの子を抱っこ・おんぶしたという具体的な動きと、子どもの様子を残します。記録は保育者が持ち回りで記入し、全員で回覧すると災害への意識が高まり、課題が共有できてよいでしょう。

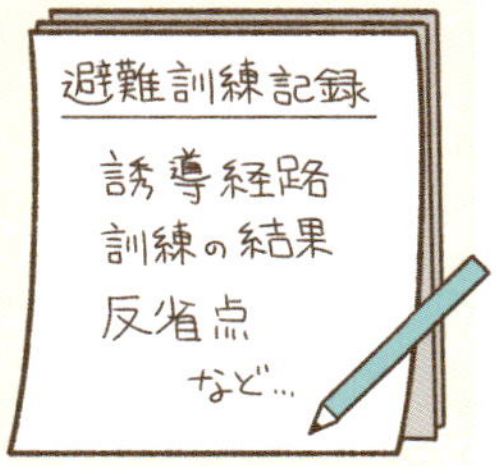

普段の情報交換が大事！

防災対策を保護者と共有

普段からおたよりなどで園での避難訓練の様子を伝えるとともに、緊急時の一斉メール配信、避難場所、緊急時の引き渡し方法についても共有します。一斉メール配信や引き渡しについては最低年に1回は訓練を行うとよいでしょう。

無理なく使えるものを！

園の状況に合わせた避難道具を準備

昨今便利な避難道具はたくさんありますが、園の規模や子どもの人数、保育者の体制に見合っていないと意味がありません。避難道具も見直し、現状に合わせて用意します。

実践!! 避難訓練の流れ

住宅地にある、海や山に近いなど、各園の環境により想定される災害を明確にし、それに対する避難訓練を行います。職員間で声をかけ合って取り組みましょう。

地震訓練 火災訓練

Point

散歩中や園庭であそんでいる最中など、室外にいるときも想定しておきましょう。

Point

火災発生源によって最も安全な避難経路を確保します。近隣住宅や調理室、ポットやおしぼり保温庫など、さまざまな場所を火元と想定してシミュレーションします。

共通の流れ

1 子どもたちを安全な場所に集める

落下物がなく、横からも物が倒れてこない場所へ。状況に応じて「ダンゴムシになってみよう」と頭を守る姿勢で待機。

火元から遠いところへ。そして園の消火器の位置を確認。

2 避難経路を確保する

窓やドアを開け、閉まらないようにストッパーをする。

3 子どもの人数を確認し、避難の準備をする

必ず子どもの人数を確認して、避難行動に移る。子どもを守るために、職員は自分自身の安全を確保するべく、ヘルメットをかぶり、非常用持ち出し袋を背負う。子どもに防災頭巾をかぶらせたり、抱っこ紐やおんぶ紐を使って抱っこやおんぶをする。おんぶは、1人が後ろから子どもを支え、紐が緩んでいないか、足はきちんと出ているかなどを確認する。

おんぶは必ず2人1組で行う。

4 避難する

園を離れる前に、再度人数を確かめる。先頭と最後尾に必ず職員がつく。

けが防止のため、おんぶや抱っこをしている子をタオルなどで覆う。

バギーや避難車の中で、靴で足を踏んでけがをしないように、全員裸足または靴のどちらかに統一する。

5 子どもと職員の人数確認をする

そのほかの災害・防犯対策

台風や大雨が引き起こす災害は天気予報で事前に予測がしやすいため、送迎時の注意点や保育時間の変更などについて、早めに保護者に周知します。

不審者侵入対策は、園の門が施錠され、関係者でなければ出入りできない環境であっても、防犯カメラなどの設備の点検は忘れずに行います。自治体の不審者情報を確認したり、園外散歩のときは携帯電話や防犯ブザーなどを持参しましょう。

こんなときどうする!? Q&A

Q 避難訓練中はどんなことばかけをしたらいい？

A 不安を抱かせないように、かつ真剣に伝えることが大切です。

不安でしがみついてくる子には「大丈夫だよ、先生が守るからね」と安心できることばを。普段と違うことに興奮し、声を出したり走ったりするときは、「今大事な練習しているからね、先生のそばにいてね」と真剣に伝えます。

Q あそびのなかで、訓練にいかせるものはありますか？

A 消防士ごっこをするなど、さまざまな工夫ができます。

災害時に使う防災グッズに子どもが親しみをもつために、あそびのなかで防災頭巾やヘルメットをかぶり、消防士ごっこをするなどしてもよいでしょう。使用後は必ず個数を確認し、元の場所へ戻すことも忘れずに。

おんぶはあそびのなかで保育者の練習も兼ねて行うとよいでしょう。また、ときには電気を消して薄暗いなかで過ごす時間を楽しんだり、頭を守るダンゴムシのポーズをしてなりきってあそぶなど、普段楽しくあそんだ経験がいざというときの怖さを和らげるひとつになるかもしれません。

Q 非常用持ち出し袋に何を入れるか迷います

A 持ち運ぶことを念頭に、必需品を優先して入れましょう。

「あると便利」なものではなく「ないと困る」ものを入れます。つい荷物が増えてしまいがちですが、あまりにも重いと避難する職員の負担になり、転倒する危険もあります。避難場所までの移動距離や、保護者が迎えに来るまでの時間などを踏まえて必需品を入れます。

名前とアレルギーを書いた名札代わりのものを

園児の名前とアレルギーの有無を書いた名札代わりのものを用意しましょう（目立つ色の大きめのテープやシールなどを使い、子どもの背中に貼っても）。避難時の人数確認も兼ねられ、また避難先で名前を把握してもらうことや、アレルギーのある子の誤食を防ぐことにもつながります。

靴、靴下を忘れずに

ガラスなどの危険物が落ちている可能性もあるので、非常用持ち出し袋の中に人数分の子どもの靴下を入れておき、靴も一緒に持ち出すとよいでしょう。

防災・安全チェックリスト

子どもたちを守るために、日頃からしておきたい防災対策。そのひとつとして
避難用持ち出し袋の中身やチェックすべきことをリストアップしました。

Check 防災バッグの中身リスト

この時期は、発達によって、必要なものが異なるため、（ミルク、離乳食、
おむつのサイズなど）通常の点検とともに、発達に沿った確認が必要です！

職員室

- □充電器
- □懐中電灯
- □ラジオ
- □ライター
- □紙コップ、お皿
- □避難用おんぶ紐
- □三角巾
- □筆記用具（油性ペン）
- □ガムテープ

1・2歳児

- □おんぶ紐
- □おむつL/ビッグ
- □靴下
- □お絵かき帳やペン
- □おしりふき

0歳児

- □おんぶ紐
- □おむつM/L
- □液体ミルク＆アタッチメント
- □さらし
- □靴下
- □おしりふき

共通

- □保温アルミシート
- □フェイスタオル
- □ウェットティッシュ
- □ポケットティッシュ
- □除菌シート
- □軍手
- □カット綿
- □ゴミ袋/ビニール袋
- □救急用品
- □マスク
- □非常食
- □水
- □緊急連絡先リスト

※上記は、緊急避難場所でもある東京家政大学の敷地内にあるナースリールームの例。備蓄食料等は自園に合わせて別途用意が必要です。
※保護者に引き渡すまでの長時間の避難や、園から離れた場所での避難に必要なものは上記とは異なります。

いざというときのための準備

年度の始めにチェック

- 危機管理マニュアルの作成
- 避難体制の確認（おんぶ、抱っこ、避難車や職員の人数など）
- 緊急連絡方法の確認
- 保護者の緊急連絡先リストの確認
- 近隣の病院リストの作成・確認
- 緊急時の行動計画（フローチャート/避難場所、引き渡し場所、病院に連れていくタイミング、保護者への連絡責任者など）

日常的に確認するもの

- 園庭・保育室の安全点検
- 遊具の安全点検
- AEDの点検
- 消防設備の点検

Chapter 4

連携してつくる園生活

保育者同士の連携や引き継ぎ、
指導計画は
クラス運営のために欠かせません。
進級時の留意点や
保護者との信頼関係の築き方
などをご紹介します。

保育者同士でチームに

● 保育者間であらかじめ共有しておくべき情報

必要に応じて
非常勤職員や栄養士、
調理職員、
事務職員などとも
共有しましょう。

- ☑ アレルギーの有無
- ☑ 園生活や発達などで気になること
- ☑ その日の健康状態
- ☑ 生活状況（食欲、睡眠時間など）
- ☑ 登降園時間
- ☑ 家庭の状況

切れ目のない保育を実施できる体制づくりを

乳児保育においては、子どもが安心して日々を過ごせるように、一人ひとりの子どもに対して、複数の保育者による切れ目のない保育が求められます。そこで欠かせないのが、職員同士の連携です。

一人ひとりが安心し、安定して過ごすためには、あらかじめ各保育者の役割や主に担当する園児を決めることが大切です。また同時に、その場の状況を判断しながら、柔軟に対応する姿勢も必要です。一人ひとりの子どもの様子を共有しながら、**生理的欲求や興味にタイムリーに寄り添い、サポート**をし合えるように心がけましょう。

体調、アレルギーや発達などはもちろん、子どもの様子は毎日同じではありません。その日の一人ひとりの状況（食事や睡眠についてなど）を丁寧に伝え合うことが大切です。

保育者の連携で大切にしたい視点

乳児保育における連携では、以下の点に留意しましょう。

役割分担を踏まえて柔軟に対応する

役割分担を踏まえながらも、保育室の中で、今、ほかの保育者が誰を見ているのか、どこで何をしているのか、全体を俯瞰する目をもつようにしましょう。様子を見て補助に入ったり、「今、私は●●をしますね」など自分の状況などもきちんと伝えていきましょう。困ったときには、その場で「いっしょに見ていてもらってもいいですか？」など、声をかけ合うことも大切です。

保育者歴にかかわらず話し合いを

ベテランでも１年目でも、保育者としては同じ立場です。経験がある保育者だからこそもてる見とおし、１年目の保育者だからこそできる発見があります。意見が違っても、子どもにとって大切なことを第一に考えることで共有できる事柄も多いでしょう。

エピソードを共有して子どもへの理解を深める

職員同士の日常会話のなかで、子どもの具体的なエピソードを共有することで、自分とは異なる視点から見た、その子の気がつかなかった一面と出会うことができます。普段から、その日の出来事を話し合う習慣をもちましょう。

ほかの保育者の目線を取り入れる

ほかの保育者がその子をどう捉えているか、どのような関わりをしているか、を理解することで発見があったり、自分自身の保育を考えるきっかけになります。当園では担当にこだわらず連絡帳をいろいろな保育者が書いています。そのことは、ほかの保育者の見方や捉え方に触れるよい機会になっています。

意見がぶつかったら、「その子にとっての最善」を考える

職員同士で保育観などを巡って意見が異なったときは、「その子にとっての最善は何か」という視点に立ち返ることが大切です。考え方や経験年数が違っていても、子どもを最優先に考えるという大前提さえ共有していれば、子どもにとってよりよい関わりが見出せるでしょう。

子どもについて保育者間で話をすることで、さまざまな視点から子どもの理解を深めることになります。そのためには、日頃から職員同士で「〇〇ちゃんが、こんなことをしてね……」などと、具体的なエピソードについて話し合う習慣をもつとよいでしょう。

保護者と信頼関係を築くには？

保護者との関わりで大切にしたい視点

保護者に安心して子どもを任せてもらうために、
保育者は次のような視点を心がけましょう。

相手を理解するために傾聴する姿勢をもつ

保護者とのコミュニケーションでは、相手を尊重して理解する姿勢が大切です。まずは、保護者のことばに真剣に耳を傾けて、その思いを理解することを心がけましょう。保護者にとって「安心できる存在」「頼りになる存在」と感じてもらえるよう努力しましょう。

ポイント

- 受容的かつ共感的に関わる
- 各家庭の状況や、保護者の子育てについての価値観を理解する
- 保護者の判断と決定を尊重する
- 子どもと家庭のプライバシーを守る

保護者と連携することで保育の質が向上する

乳児保育において、子どもは家庭と園という2つの生活の場を行き来します。その両方で安定した育ちや生活を叶えるためには、保育者と家庭との間に密接な連携が不可欠です。また、保護者から見た子どもの促え方、家庭での生活状況といった情報を把握することで、子どもだけでなく、保護者や家庭についての理解にもつながります。

保護者との関係づくりの第一歩としては、**何よりも「子どものことを大切に考える」ということが前提**になります。一人ひとりの子にきちんと向き合い、情報を共有することで、保護者との協力関係が生まれます。

保護者との関わりでは、送迎時の会話や連絡帳でのやりとり、お便り、個人面談、保育参観などの機会があります。なかでも、日常的だからこそ関係性が深まるきっかけになるのが、連絡

帳や送り迎えの際に行う会話です。そこでのやりとりのなかで子どもの様子やエピソードなどを共有していきましょう。同時に保護者の思いについても引き出していきましょう。

保護者との間に信頼関係を築くためには、子どもと関わるのと同様に、何よりもまず相手を尊重する姿勢が重要です。自分の考えを押し付けるのではなく、まずは相手の思いを受け止めて、寄り添うことが、良好な関係づくりの第一歩です。

保育者は保護者を支える立場でもある

保育者は、子どもを支援する立場であると同時に、その保護者を支える存在でもあります。各家庭の事情や背景も踏まえたうえで、保護者が抱える不安や困難の解消に向けた手助けを。そのためにも、園と家庭の相互理解が欠かせません。

信頼関係を築くことが最重要

保護者からの信頼を得るために、何よりも大切なのは、日々の子どもへの関わりの一つひとつを大切にする姿勢です。わが子が園で健やかに過ごしている様子が伝われば、「こんなふうに大切に見てくれている」という信頼感が生まれます。

卒園後の親子関係の基礎づくりにも

0～2歳児のこの時期は、これから先もずっと続く親子関係の土台をつくっているときでもあります。この時期に、保護者が子どもの思いを受け止め理解しようとする気持ちで子どもに向き合うことの大切さを知ることで、卒園した後も、子どもとの良好な関係が築けるのではないかと思います。今とそして未来のことも考え、支援していくことが大切です。

「上から目線」にならないように注意する

保育者のアドバイスは、保護者にとって、指示や、一方的な押し付けのように聞こえてしまう場合があります。そうならないためには、「子どもにとってどんな意味をもつのか」という観点に立ち、発達の見とおしや保育のねらいを丁寧に説明することが大切です。

エピソード

保護者にもそれぞれ想いがあると感じて

お迎えのときに、その日の子どもの様子を丁寧に伝えることが誠実な関わりであり、保護者と子どものことを共有する大事な時間だと捉えていることが多いのではないかと思います。それは決して間違いではないのですが、保護者にもいろいろな背景があり、疲れていたり、落ち込んでいたりすることがあります。保育者からのことばを受け入れられるときばかりではありません。お迎えのときの保護者の表情などから、“親”としてではなく、“一人の人”として、その気持ちを察したり寄り添うことも大切です。

何気ないひと言が原因で信頼感が変わってきます！

不用意な表現やことばづかいがきっかけで、意図せず相手の心象を悪くしてしまう場合もあります。
同じことを伝えるのでも、AとBのような表現の違いで保護者への伝わり方が変わります。

CASE 1 子どもの発達について不安を抱いている保護者に対して

保護者

うちの子は寝返りがまだだから、心配です。発達に問題があったらどうしよう……。

保育者A

大丈夫ですよ！　個人差があるのは自然なことです。

保育者B

大丈夫ですよ。寝返りしなくても周りの様子や動いているお友だちを楽しそうにのんびり見ています。まだ自分で動くことに気づいていないのかもしれませんね。こちらでも様子をよく見てみてお伝えしますね。

保護者の抱える不安と疑問に応えるには、「大丈夫ですよ。なぜなら……」というように、専門知識に基づく具体的な見とおしを示すことが大切です。伝え方によって成長を楽しみに待つことができるようになり、保護者の保育者に対する信頼も高まります。

CASE 2 ぐずることが多い子どもの保護者に対して

保護者

何回も夜泣きで起きて、その度に寝つくまで時間がかかりました。ヘトヘトです……。

保育者A

お忙しいから夜遅く寝るのも仕方ないですよね。興奮して寝つきが悪いのかもしれませんね。

保育者B

お父さんとお母さんも大変でしたね。いろいろなことを吸収している時期なので、興奮が残るかもしれませんね。寝る前にすこしゆったり過ごせるといいのかもしれません。寝る前の様子はどんな感じですか？

保護者が「相手から責められている」と受け取るような表現は避けましょう。保護者の、ことばにせずにはいられなかった思いをしっかりと受け止めることが大切です。すぐに解決策が見つからなかったとしても、気持ちを受け止められたこと、また、困っていることや悩んでいることを一緒に考えてもらえるということが、保護者の安心感につながります。「それは大変でしたね」「わかります」と相手に共感を示すとともに、「お母さんの睡眠時間は足りていますか？」など、相手を気づかうことばかけも大切です。

実践!!

毎日の連絡帳をとおして良好なコミュニケーションを

家庭と園での生活の連続性を保障するために、連絡帳を使ったコミュニケーションはとても重要です。

【連絡帳の例（2歳○か月）】

健康や生活に関する情報を把握して保育に生かす

健康状態、睡眠時間、食事の量など、家庭での生活の様子をもとに、その日の保育を組み立てます。例えば、「普段より睡眠時間が短いから、午前中はのんびりあそぼう」という具合です。

○月○日（○曜日）	天気：くもり	
	家庭より	園より
体温	登園前　36.6°C	降園前　36.7°C
機嫌	よい・普通・悪い	よい・普通・悪い
睡眠	睡眠／20:30 起床／6:45	睡眠／12:00 起床／14:30
便	有（普・軟・固）・無	有（普・軟・固）・無
食事	朝食／7:00 ロールパン、ジャム、野菜スープ、トマト、ブロッコリー、バナナ、ヨーグルト 夕食／ 帰宅後に記入してもらう	昼食／11:30 ごはん2/3、みそ汁(全)、筑前煮(全)、ブロッコリーのおかか和え1/2、ミカン(全) おやつ／15:00 きなこおにぎり(全)
様子	ジャムが大好きで、今朝は自分でパンに塗って食べていました。今日も普段通り、元気です。	●●ちゃんと二人でおままごとに夢中でした。お母さん役になりきって、お料理をしたり、人形の子どもたちを寝かしつけたり……。大人の姿をとてもよく観察していて思わず感心！
連絡事項	昨晩、寝る前に咳が出ていました。	園では咳は見られませんでした。お昼寝から起きたあと、体が少しかゆい様子でした。

具体的なエピソードを伝える

保護者にとって最も関心が高いのは、わが子の園での様子です。誰と、何をして、どう過ごしていたのか、できるだけ具体的なエピソードを交えて記入するようにしましょう。

気になることは口頭でも伝える

健康やけがに関することや、子どもの様子で気になる点については、連絡帳に記入するだけではなく、お迎えの際に直接口頭でも伝える必要があります。

エピソードを記入する際のポイント

1 事実の羅列より具体的な様子を書く

保護者が子どもの姿を想像できるように、できるだけ具体的な様子を書きます。「しっぽとりをしたとき、たった一人、最後までとられずに逃げきり、得意げにしていました」など、その子に固有のエピソードがあるとよいでしょう。

2 ポジティブな表現を用いる

保護者が不安を抱くような表現は避け、できるだけポジティブに伝えましょう。「食事中もおしゃべりに熱中して食べない」という表現ではなく、「お友だちと話すことがうれしい様子で、食事のときにもおしゃべりが止まりません」など。

3 子どもの発達への視点を加える

エピソードを伝える際、発達に関する視点を加えるようにすることで、保護者が成長の喜びと発達の見とおしをもつことができます。「手指をじょうずに使ってお絵かきしていた」「保育者の呼びかけに対して、楽しそうに笑っていました」など。

進級時の留意点は？

進級のポイント

1 子どもが新しい環境に期待を抱ける配慮を

新しい環境が楽しみな場所になるよう、子どもの発達や興味に合わせて、おもちゃの種類やレイアウトなどを工夫しましょう。

2 保護者と成長の喜びを共有する機会に

進級を個人の成長だけでなく、クラスの仲間の育ちも保育者と保護者同士で喜び、語り合う機会に。一年間の子どもの育ちを振り返り、共有し、次年度へつないでいきます。

3 変化への不安をしっかり受け止める

人・場所・モノなどの環境の変化を不安に思う子も。気持ちを受け止め、「先生がいるから大丈夫だよ」と安心できることばかけを。

4 自分の保育を振り返り、次年度につなげる

新旧の担任で引き継ぎをするなかで、保育者が自身の一年の保育を改めて振り返り、新たな目標を考えるなどして次年度に生かしましょう。

子どもの日常が続くような こころの安定に配慮する

保育者や保護者にとって、進級は大きな節目。年度替わりや新生活の始まりという変化の意識があると思います。しかし、まだ先の見とおしが立たない年齢の子どもにとっては、急に日常や環境が変わることは大きな不安につながります。1～2歳児クラスへの進級では変化する部分をできるだけ少なくし、**こころが安定していつもどおりの日常を続けていけるように配慮**することが大切です。

子どもたちは、保育者の慌ただしい雰囲気や保護者との会話などから、いろいろなことを感じとります。子どもたちが安心して進級を迎えるには、身近な大人がいつもどおりでいることが大きく影響します。保育者は子どもの気持ちの揺れや、保護者の思いに気がつけるよう、より一層留意して過ごすことが必要です。

気持ちを受け止め 前向きな関わりを心がける

少しずつ見とおしが立つ年齢になると、進級による新しい環境への期待や、自分が大きくなることへの喜びを感じるようになります。保育者は「楽しみだね」と前向きな捉え方で関わりましょう。

もちろん進級に戸惑う子もいます。その場合は不安定な気持ちをしっかりと受け止めましょう。前の担任を求めることはごくごく自然な姿です。そのことも見とおして**保育者間で連携し、子どもをどのように受け止めていくかを話し合っておく**といいでしょう。新しい担任との楽しい時間、気持ちを受け止められる経験が積み重なっていくと、無理なく、自然に新しい環境を受け入れていくでしょう。

進級によって環境が変わることが、この時期の子どもにとってどれだけ大きな変化かを理解し、一人ひとりを丁寧に受け止めていくことが大切です。

進級後に配慮したいこと

1 思いがけないけがや事故に注意する

新しい環境では、子どもの行動を予測しきれないことも多く、思いがけないけがにつながることも考えられます。進級してしばらくは、いつもよりも一層けがや事故に注意し、少人数でゆったりと過ごすことを心がけましょう。また危険な場所や配慮が必要だと感じたときは、保育者間で共有し、相談しながら環境の見直しと工夫をしましょう。

2 プレッシャーをかけない

「○組になったからできるよね」と、進級したことで子どもを頑張らせたり、無理に何かをさせたりするようなことばかけに気をつけましょう。これは家庭でも同様なので、保護者とも共有します。

3 新入園児と在園児、どちらにも配慮を

新入園児がいる場合は、どうしても新入園児に目がいきがちですが、在園児がこれまでと変わらず安心して過ごせる配慮も大切です。新入園児に関わる保育者と在園児に関わる保育者をある程度決めておくとよいでしょう。

4 新旧の担任ときめ細かく連携する

担当の保育者が変わっても、今まで毎日一緒にいた旧担任を求めるということはとても自然なことです。そういったことも見とおして、子どもの気持ちを受け止めるために保育者間で連携していくことが大切です。

5 園全体で子どもを見守る姿勢を

日頃から、保護者に対し園全体で子どもを見ているという姿勢が伝わるよう努めます。そうすると、「今の保育者と離れるのは寂しいけれど、きっとこれからも関わりがあるから大丈夫だ」と保護者も安心し、新しい保育者との出会いに期待をもつようになります。担任だけではなく、園全体への信頼につながるよう心がけましょう。

6 保育者も一年を振り返り、新しい目標を

年間を通した、自分の保育の振り返りをしましょう。充実できた点や工夫してよかった点は次年度につなげ、反省点や不十分だった部分については、新たな課題として捉えましょう。

目標
仕事にプラスになる本を5冊読む！
手作りおもちゃを用意する！

引き継ぎの際には

複数の職員で話し合う時間を大切に

新旧の担任、園長や主任など、複数で引き継ぎを行いましょう。子どもの発達を見とおして配慮を考え、引き継ぐ側は、これまで積み重ねた関わりを大切にしながら情報を受け取ります。

ポイントを絞って引き継ぐ

すべてを一度に伝えるのは難しいので、会議などではポイントを絞って伝え、あとは書面で引き継ぎます。新担任はそれを丁寧に読み込み、気になる部分を前任者に確認しましょう。

運動発達面

新年度で環境が変わる場合は、一人ひとりの運動面での発達を把握し、安全に過ごせる環境を整えます。低月齢の1歳児の場合は、まだ歩行が安定していない子もいます。1歳児クラス内でスペースやメンバーを分けたり、0歳児クラスと連携して歩行が安定するまで一緒に過ごしたりするなど、個々に合った環境で安全に心地よく過ごせるように、クラスを超えて保育者間で連携していきましょう。

生活健康面

排泄

排泄の間隔や、トイレやパンツに興味があるかなど、それまでの様子を理解しておきましょう。環境の変化によって、トイレに行きたがらなくなる場合もありますが、その都度子どもの様子に合わせて無理のない援助を行っていきます。

食事・生活リズム

咀《そ》嚼《しゃく》や食の好み、食事の様子などを確認し、落ち着いて食べられる環境を整えます。生活リズムについては、午前寝が必要な子が無理なく過ごせる保育環境を整え、保育者の動きをシミュレーションするなど、年度が変わる前に子どもたちの生活を把握し、保育者間で配慮を考えて共有しておくことが必要です。

進級にまつわる保護者対応

■話しかけやすい雰囲気を一層、意識する

年度の変わり目には、保護者も相談ごとや確認したいことが多く出てきます。保護者が遠慮せずに保育者に話しかけやすい雰囲気づくりを心がけましょう。

■家族の状況も把握しておく

3月から4月は、子どもの兄姉の卒園や就学、保護者の育児休暇からの職場復帰、異動や転職により就労状況が変わるなど、家庭のなかで変化が多い時期でもあります。それぞれの家庭の状況を把握しておくと園での過ごし方や、また、保護者に対してどのような配慮が必要かも検討することができるでしょう。

■持ち物などの変更について、負担をかけない伝え方を心がける

進級に際しての持ち物などはおたよりでわかりやすく案内しますが、購入品など準備に時間がかかるものは、期日までに十分な日数を確保して伝えます。質問を受けても対応できるくらい余裕をもって伝えると、保護者の負担につながりにくいでしょう。

指導計画の書き方

"その子"らしさを大切に 個々の育ちに寄り添った計画を

0・1・2歳児の子どもたちは成長が著しく、個々によって発達の個人差が大きな時期です。そのため、「指導計画」を立てる際は、集団やクラスという捉え方ではなく、個々の子どもの実際の姿を丁寧に把握し、子ども一人ひとりの育ちを尊重する視点をもつことが必要です。

計画を立てることで、子どもの成長や発達についてさまざまな視点での見とおしをもつことができ、子どもに寄り添った環境を整えたり、あそびの提案をしたり、関わり方への配慮をしたりすることができます。気をつけなければいけないのは、計画ありきになってしまうことで、実際の子どもの姿が置き去りにされてしまうことです。計画どおり進めるためではなく、子ども理解や、一人一人の子どもにとって、適切な時期に適切な保育が行われるための計画であることが大切です。

「指導計画」は、保育所保育指針を参考にしながら作成するとよいでしょう。0歳児に関しては「乳児の3つの視点」、1～2歳児に関しては「1歳以上3歳児未満の5領域」から、その時々の子どもたちに寄り添った、視点や配慮点について考え、計画を立てましょう。

その時々の子どもについては、日々の保育を記録した保育日誌や個人記録、また、保護者とやりとりしている連絡帳などを参考にするとよいでしょう。日々成長する子どもたちについて丁寧に把握し、計画を立てたり見直したりすることで、その時々の子どもの成長をよりよく支援する「指導計画」を作成することを心がけましょう。

● 具体的な記入に際して以下を参考にしましょう

幼稚園	➡	幼稚園教育要領
保育園	➡	保育所保育指針
こども園	➡	幼保連携型認定こども園教育・保育要領

※こども園の場合は、満3歳を境に満1歳以上満3歳未満及び満3歳以上の園児の教育及び保育に関するねらいおよび内容を参照してください。

● 大切なポイント

計画 ＝ 「その子の育ち」の見とおし

一人ひとりの興味や発達、個性はさまざまです。子どもの成長に寄り添って計画を見直し、保育者自身が子どもについて考えるツールとして計画を捉えましょう。

0歳児の指導計画

0歳児は身体的にも精神的にも、最も著しい成長をとげる変化の大きな時期です。

まずは個々に応じてその時々に適した生理的な欲求を満たすこと（身体的発達に関する視点）が重要です。そして、安心できる人との関係性、心地よい人との関わりを積み重ねること（社会的発達に関する視点）、周囲に働きかけながら五感を通して様々なことを感じ経験を広げていくこと（精神的発達に関する視点）を踏まえて指導計画を作成しましょう。

【乳児期の3つの視点】

身体的発達の視点
健やかにのびのびと育つ

清潔で安全な保育環境を整え、生理的な欲求を十分に満たすなど、担当保育者が関わりを持ち、自ら健康で安全な生活をつくり出す力の基盤を培います。

0歳児前半

［ねらいの例］

- 生理的な欲求がタイムリーに満たされ、心地よい生活リズムで過ごす
- 発達に合った安全な環境の中で、はいはい、つかまり立ち、伝い歩きなど、のびのびと自由に動く
- 離乳食が進み、食の経験が広がっていく

0歳児後半

［ねらいの例］

- 遊ぶ、食べる、休息する（眠る）のリズムが整い、心地よい生活リズムで過ごす
- 自分に合った移動手段で自由にのびのびと探索を楽しむ
- 手づかみをするなど、自分で意欲的に食べる
- 洋服を着たり、靴を履いたりするなど、自分の身の回りのことに興味を持つ

具体的には？

できるだけ同じ保育者が関わり、安定した生活リズムを築く。

生活が途切れることなく連続していくよう、家庭との連携を密に行う。

発達に応じた清潔で安全な環境を整え、安心できる環境のもとでのびのびと過ごすことができるように配慮する。

精神的発達の視点
身近なものと関わり感性が育つ

生理的欲求が十分に満たされ、保育者との愛着関係が築かれてくると、周囲への興味が生まれます。身近な環境に興味や好奇心を持って関わり、感じたことや考えたことを表現する力の基盤を培います。

［ねらいの例］

- 発達に合った環境の中、聞く、見る、触れる、なめるなど、自分の体と感覚を使って遊ぶ。
- 自由に探索しながら、興味をもったものと関わりながら、好奇心を満たし、さらに興味と行動範囲を広げていく。
- 触れ合い遊びやわらべうたなどを通して、心地よい言葉やリズムでのやりとりをする

［ねらいの例］

- 遊びの中で、這う、歩く、投げるなどの大きな動き、つかむ、つまむ、並べるなどの小さな動きを経験していく
- 安全な環境の中、砂、土、水、自然、小さな生き物などに関わる経験をする
- 絵本や紙芝居、歌や手遊びなどを通して様々な言葉に触れる

個々の発達を的確に捉え、その時々の発達段階で十分に自分の体を使って遊べるような工夫をする。

個々の発達を踏まえながら、のびのびと探索活動が繰り広げられるような環境を整える。

様々な場面で五感を使う経験ができるよう、おもちゃの素材、言語環境、戸外の過ごし方について整えていく。

社会的発達の視点
身近な人と気持ちが通じ合う

信頼の基盤が生まれる大切な時期でもあり、受容的・応答的な関わりの下で、何かを伝えようとする意欲や身近な大人との信頼関係を育て、人と関わる力の基盤を培います。

［ねらいの例］

- 生理的な欲求や不快な感情、言葉にならない欲求や要求が十分に受け止められ、安心して過ごす
- 丁寧でやさしい言葉掛けや関わりを通して、人との心地よいやりとりの経験を積み重ねる
- 安心できる人との関わりの中で、表情や仕草、喃語などでのびのびと自分を表現する
- 気づいたこと、感じたことなどを指さしで伝えようとする

［ねらいの例］

- 単語を発し、言葉にならない思いを代弁してもらいながら、応答的なやりとりを通し、人と関わることの心地よさ、楽しさを感じる
- 「やだ」「だめ」「ちがう」などの言葉に込められた思いを丁寧に受け止められ、自分を安心して表現することを経験していく
- 他児に関心を持ち、保育者を介して心地よいやりとりをする。

表情、仕草、指差し、言葉など、子どもから発せられることを丁寧に受け止め、応答的なやりとりを積み重ねていく。

言葉にならない思いを丁寧に代弁したり、ゆっくりやさしく話しかけたりするなど、子どもが自分のペースで言葉を獲得できるような関わりをしていく。

一人ひとりを尊重しながら、子ども同士が他児に関心を持ち、心地よいやりとりができるよう配慮する。

1～2歳児の指導計画

自由に移動ができるようになり、興味の赴くままに周囲に働きかけ、経験が広がる時期です。また、自我の育ちとともに、様々な方法で自分を表現したり、人との関わりを通していろいろな感情を経験するようにもなります。その育ちを、「健康」「人間関係」「環境」「言葉」「表現」の5領域の視点から、一人ひとりの発達を支えていく育ちの見通しとその配慮を考えていきましょう。

【1歳児以上3歳児未満の5領域】

	人間関係	健　康
	他の人と親しみ、支え合って生活するために、自立心を育て、人と関わる力を養う。	健康な心と体を育て、自ら健康で安全な生活を作り出す力を養う。
1歳児	[ねらいの例] ●担任との1対1の関係を軸に人との心地よいやりとりを経験する ●自分の思いを表現し、受け止められる ●友達や周りの人に関心を持つ	[ねらいの例] ●お腹が空いた、食べたいという思いで食事に向かう ●自分で衣類を選ぶ、着脱をしようとする ●疲れや眠いことを感じて自分から体を休める ●遊びの中で様々な体の使い方を経験する
2歳児	[ねらいの例] ●自分のやりたいことを見つける、じっくりと取り組む ●友達のやっていることに関心を持つ ●自分の思いを様々な方法で表現する ●いろいろな人に興味と関心を持ち、関わろうとする	[ねらいの例] ●自由にのびのびと体を動かしながら、場面に応じた体の使い方を調整する。 ●食べたいという思いで食卓につく ●身の回りのことに興味を持ち自分でやろうとする
具体的には?	自我の発達について保育者自身が理解を深め、個々に応じた働きかけを大切にする。 個々の遊びの興味を尊重するとともに、子ども同士が繋がっていけるような関わりや活動を工夫する。	発達段階に合わせた環境作りや関わりを考える。 自分で体を使いながら、様々な体の使い方が経験できるようにする。 衣類の着脱、手洗いなどの習慣、食事など、子ども自身が興味を持って楽しく臨めるような工夫をする。

表　現	言　葉	環　境
感じたことや考えたことを自分なりに表現することを通して、豊かな感性や表現する力を養い、創造性を豊かにする。	経験したことや考えたことなどを自分なりの言葉で表現し、相手の話す言葉を聞こうとする意欲や態度を育て、言葉に対する感覚や言葉で表現する力を養う。	周囲の様々な環境に好奇心や探求心を持って関わり、それらを生活に取り入れていこうとする力を養う。
［ねらいの例］ ●走る・のぼるなどの大きな動き、つまむ・並べるなどの小さな動きなどを使って様々に自分を表現する ●気持ちよく声を出したり、感じるままに体を動かすことを楽しむ ●好きなことにじっくりと取り組む ●クレヨンや絵の具、粘土などの様々な素材に触れる	**［ねらいの例］** ●気持ちを言葉や表情、動きで相手に伝える ●絵本・歌・紙芝居などを通じて、様々な言葉に触れ、リズムや繰り返しの面白さなどを感じる	**［ねらいの例］** ●季節の変化を感じる ●身の回りの自然に興味や関心を持つ ●危なくない場所で歩いたり、探索することを楽しむ ●一人ひとりが自分の好きな遊びを見つけてのびのびと楽しむ ●のぼる、おりる、ジャンプする、くぐるなど体を大きく使って遊ぶ
［ねらいの例］ ●ごっこ遊びを楽しむ ●経験したことを表現・再現していく ●様々な素材に触れるとともに、表現したいものを素材と道具を選んで作る ●思いきり表現することを楽しむ ●生活の中で音楽や歌に親しむ	**［ねらいの例］** ●自分の思いを言葉で表現しようとする ●経験したことを自分なりに言葉で伝える ●絵本、紙芝居に親しむ ●他の人との言葉でのやりとりを通して、伝える楽しさ、伝わる嬉しさを経験する	**［ねらいの例］** ●季節の変化や周囲の自然に関心を持ち、自ら働きかける ●行事などを通し、友達とともに経験や楽しさを共有する
↓ クレヨンや絵の具、はさみやのりなど、様々な素材や道具に触れる機会を活動に取り入れる 絵本や歌、楽器など、様々な言葉や音などに触れる機会を活動に取り入れる 経験を再現したり、イメージを膨らませたりしていけるような道具や環境を整える	↓ 子どもの言葉を引き出していけるよう、子どもの表現を丁寧に受け止めていく 保育者自身がゆっくり、はっきりと話すことを心がける 子どもの発達や興味に合わせて、絵本や紙芝居などの言語環境を整えていく	↓ 四季を感じられる活動や行事などを通じて、自然や季節の変化に興味・関心を持てるような遊びや環境を工夫する 個々の発達や興味を踏まえ、探索活動を引き出せる環境を整える

※認定こども園2歳児クラスの担当の場合は月齢に合わせて保育要領「満3歳以上の園児の教育及び保育に関するねらい及び内容」を参照。

工藤佳代子

東京家政大学ナースリールーム施設長
東京家政大学を卒業後、保育士として同大学ナースリールームに勤務する。9年間の勤務の後、ナースリールームを離れるが2007年に復職、2019年より施設長を務める。

表紙イラスト／佐藤香苗
中面イラスト／うつみちはる
表紙・本文デザイン／周 玉慧
撮影／伏見早織（世界文化ホールディングス）
編集／柴野 聰
編集協力／小栗亜希子・岡村有紀子
企画編集／北野智子
校正／株式会社円水社

本書は「PriPri」2022年4月号～2023年3月号の内容に
新規ページを加えて再編集したものです。

明日の保育にすぐ役立つ！
0・1・2歳児
保育 基本のキ BOOK

発行日　2025年3月10日　初版第1刷発行

監修　工藤佳代子
東京家政大学ナースリールーム
発行者　竹間 勉
発行　世界文化ワンダーグループ
発行・発売　世界文化社
〒102－8192　東京都千代田区九段北4－2－29
電話／03－3262－5121（編集部）
03－3262－5115（販売部）
印刷・製本　中央精版印刷株式会社
DTP作成　株式会社明昌堂

ISBN978-4-418-25703-4